Excel 2023

La Guida Completa per Padroneggiare le Basi di EXCEL e Diventare Esperto con Esercizi Passo Dopo Passo per Imparare Formule, Funzioni, Consigli e Trucchi con Più di 200 Immagini

Fabian Garrett

Sommario

Introduzione

Microsoft Excel, parte integrante della suite di Microsoft Office, è uno dei sistemi informatici più diffusi nel mondo odierno. Questa applicazione ha rimpiazzato Lotus 1-2-3 come standard industriale, in particolare per l'uso di fogli di lavoro grazie alla sua versatilità e flessibilità.

Con la sua capacità di eseguire complesse procedure tecniche, economiche e di calcolo, che sarebbero inefficienti se realizzate manualmente, Microsoft Excel si è affermato come tecnologia fondamentale nelle grandi organizzazioni globali. L'uso di Excel consente di risparmiare tempo ed energia, permettendo di dedicarsi a compiti più produttivi.

Nel contesto del rapido cambiamento tecnologico, le aziende cercano individui che non solo siano esperti nell'uso di Internet, ma che possiedano anche una conoscenza approfondita di Microsoft Excel. Come imprenditore, è essenziale possedere queste competenze per non perdere potenziali opportunità lavorative.

Studi recenti hanno rilevato che Microsoft Excel è uno strumento che le grandi aziende e i dirigenti dovrebbero adottare per formare i propri dipendenti. Questa familiarità con Excel è fondamentale per garantire il flusso di lavoro efficiente di un'organizzazione e, soprattutto, per aumentare la produttività, sia internamente che esternamente.

È importante riconoscere che Microsoft Excel può essere una tecnologia impegnativa da comprendere e da utilizzare; molte persone infatti incontrano difficoltà. Tuttavia, chiediamoci: è possibile che Microsoft Excel possa essere presentato in modo facile da comprendere e utilizzare in questa guida? Ti garantisco un'esperienza coinvolgente nel tuo viaggio di apprendimento con questo libro.

Capitolo 1: Conoscere Excel

Microsoft Excel, uno dei software più recenti prodotti da Microsoft Corporation, si distingue per una serie di caratteristiche uniche rispetto alle versioni precedenti. Se siete nuovi al mondo di Excel, permettetemi di condurvi in una breve esplorazione di ciò che rappresenta, focalizzandoci sulle principali funzioni di Excel.

Ma cosa è realmente Excel?

Excel è un software di fogli di calcolo che consente di organizzare i dati tramite fogli di calcolo composti da colonne e righe. Una cella rappresenta l'intersezione di una colonna con una riga. Questo strumento, sviluppato da Microsoft Corporation, è parte integrante della suite Microsoft Office.

Excel è un potente strumento per la gestione, l'analisi e la visualizzazione dei dati. Consente di eseguire calcoli, analizzare dati numerici, creare tabelle pivot e rappresentare le informazioni sotto forma di grafici a barre e diagrammi in un layout grafico bidimensionale. Excel è molto utilizzato per gestire i bilanci mensili, preparare le buste paga, monitorare le spese e ordinare i dati in base a specifiche categorie o criteri.

Oggi, quasi tutti utilizzano Excel per le sue capacità di risparmio di tempo e risorse. Inoltre, grazie a Office 365, le sue funzioni vengono costantemente aggiornate e arricchite con nuove caratteristiche. Studi hanno dimostrato che le grandi aziende di tutto il mondo sono utenti assidui di questa tecnologia.

Prima del suo lancio ufficiale il 30 settembre 1985, Excel era noto con il nome in codice "Odyssey".

Uso di Excel

Excel offre numerosi vantaggi fondamentali che sono indiscutibili. Ne esamineremo alcuni qui di seguito:

1. Analisi e conservazione dei dati: Una delle principali funzionalità di

MS Excel è la possibilità di interpretare e decomporre i dati, consentendo la visualizzazione in grafici e tabelle ben organizzate e coerenti con lo scopo dell'analisi. Inoltre, i dati possono essere ordinati e conservati in modo logico.

2. Recupero: La configurazione di questo software facilita il recupero di file persi o danneggiati con un minimo sforzo.

3. Formule aritmetiche: MS Excel offre la possibilità di risolvere problemi matematici complessi in modo più semplice e comprensibile. Include un vasto insieme di formule matematiche per eseguire anche le operazioni più elementari.

4. Sicurezza: Sfruttando il software Visual Basic o bloccando i file all'interno del formato Excel, si possono proteggere i file con una password, garantendone così la sicurezza.

5. Archiviazione e accesso al Cloud: Grazie alla sua integrazione con Office 365, MS Excel permette di salvare i file nel cloud, garantendo l'accesso ai dati da qualsiasi luogo e in qualsiasi momento, purché si utilizzi un dispositivo che supporti MS Excel.

6. Gestione dei dati finanziari: Con Excel, è possibile generare dati finanziari come conti correnti, statistiche, spese, tasse, pagamenti, salari e benefici, ricevute, rimborsi, previsioni e molto altro.

7. Moduli: Excel consente di utilizzare modelli per la gestione di inventari, valutazioni, risultati, sondaggi, questionari e fogli di lavoro. Gli insegnanti, ad esempio, possono usare Excel per creare un registro delle votazioni che può essere utilizzato per monitorare il rendimento accademico degli studenti.

8. Unificazione dei dati: Questo software consente di riunire vari tipi di file e documenti in un unico posto. Testi e immagini possono essere importati da diverse fonti e combinati con altri file e documenti in un unico luogo.

Excel: Cosa c'è di nuovo?

Non c'è dubbio che Microsoft Excel ha introdotto alcune nuove funzionalità degne di nota. In questa sezione, metteremo in luce quelle che lo distinguono dalle precedenti versioni di Excel.

1. Analisi in tempo reale con le "Ideas" di Excel: Una delle funzionalità avanzate in Excel sono le "Ideas", strumenti che facilitano l'analisi dei dati fornendo insight necessari per la loro interpretazione. L'opzione "Ideas" si trova nella scheda Home della barra multifunzione di Excel. Ricorda che per utilizzare questa funzione, è necessario avere una connessione internet attiva.

2. CERCA.X come alternativa a CERCA.VERT: La funzione CERCA.X è introdotta come alternativa a CERCA.VERT. Puoi utilizzare CERCA. X quando devi cercare qualcosa in una tabella o in un intervallo per riga. A differenza di CERCA.VERT, che restituisce un risultato basato su ciò che viene cercato, CERCA.X fornisce un risultato più accurato e permette di cercare informazioni in qualsiasi punto durante l'inserimento dei dati. La sintassi della funzione CERCA.X è la seguente:

```
=CERCA.X(valore;matrice_ricerca;matrice_restituita;[se_non_trovato];[modalità_confronto];[
modalità_ricerca])
```

3. Matrici dinamiche: Un'altra funzionalità di Excel sono le matrici dinamiche, che ti permettono di scrivere una formula che può essere applicata a molteplici celle contemporaneamente, senza la necessità di duplicare la formula in ogni cella individualmente.

4. Filtri, Ordinamento e Sequenze: Le funzioni Filtro, Ordina, Sequenza, Grande e Unici sono tutte disponibili in Excel e forniscono ulteriori strumenti per gestire e analizzare i tuoi dati.

Terminologie di Excel

Cartelle di lavoro

Un documento di Excel è comunemente noto come "cartella di lavoro". Questa cartella di lavoro immagazzina tutte le informazioni, consentendo di filtrare e analizzare i risultati.

Un tipo particolare di cartella di lavoro è la "cartella di lavoro condivisa", che può essere aperta e modificata da diversi utenti collegati alla stessa rete.

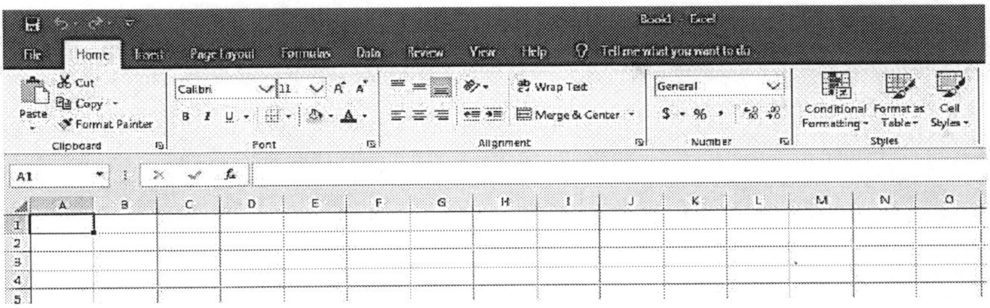

Foglio di Lavoro

All'interno di una cartella di lavoro troviamo i "fogli di lavoro", che sono singole pagine all'interno della cartella. Puoi avere numerosi fogli di lavoro all'interno di una singola cartella di lavoro, e questi sono anche riferiti come fogli di calcolo. Il foglio di lavoro attualmente aperto è evidenziato dalle schede situate nella parte inferiore della finestra di Excel. Questo è comunemente definito come "foglio attivo" o "foglio di lavoro corrente".

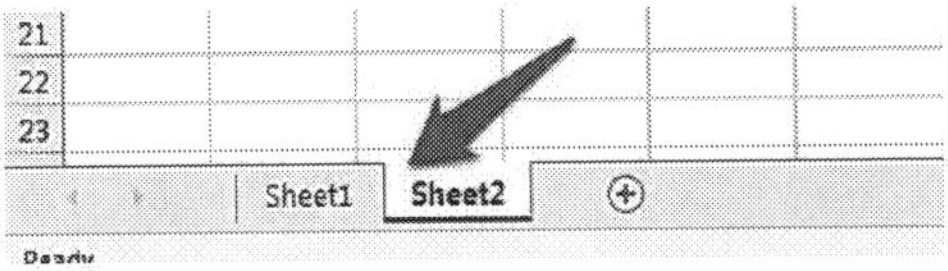

Cella

Una cella in un foglio di calcolo è il punto di incontro tra una riga e una colonna. Ogni cella può contenere vari attributi, che possono essere collegati attraverso relazioni tra celle o formule. Qualsiasi dato che si desidera includere nel foglio di lavoro deve essere inserito in una cella. La cella attualmente pronta per l'editing è definita "cella attiva".

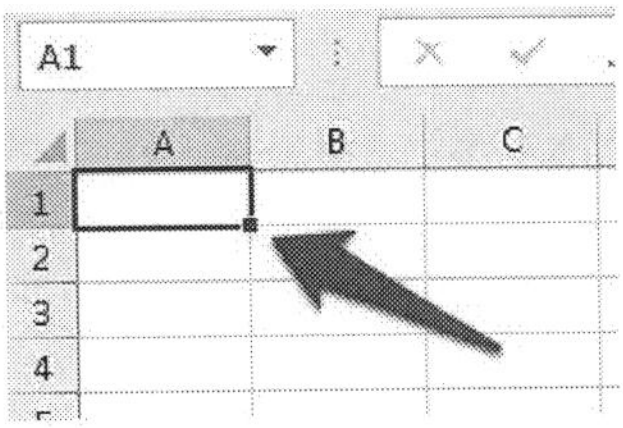

Righe e Colonne

Le tue celle sono organizzate attraverso righe e colonne. Le righe si estendono orizzontalmente, mentre le colonne si sviluppano verticalmente.

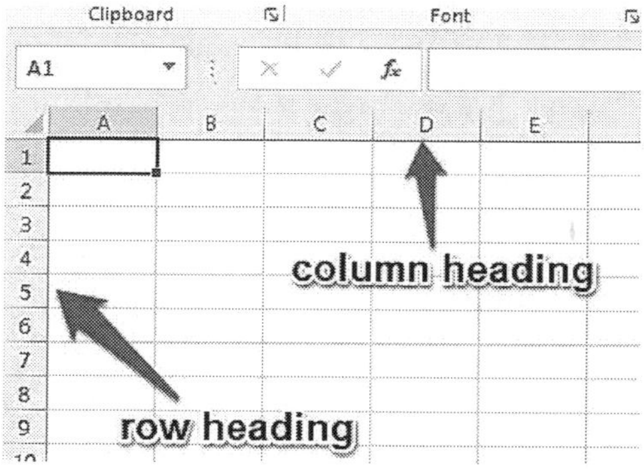

Intestazioni di Riga e Colonna

Le intestazioni sono le aree grigie, contrassegnate da lettere e numeri, poste all'estremità delle righe e delle colonne. Selezionando un'intestazione, si seleziona l'intera riga o colonna. Le intestazioni possono essere anche utilizzate per regolare l'altezza delle righe o la larghezza delle colonne.

Spazio di Lavoro

Uno spazio di lavoro, come i fogli di lavoro in una cartella di lavoro, ti permette di aprire e lavorare su diversi file contemporaneamente.

Barra Multifunzione

La barra multifunzione è una serie di schede di comando posizionate sopra la cartella di lavoro. Ogni scheda nella barra multifunzione contiene una varietà di opzioni.

Riferimento di Cella

Un riferimento di cella è un insieme di coordinate che identifica la posizione di una cella. Si compone di lettere e numeri. Ad esempio, B3 si riferisce alla cella all'incrocio della colonna B e della riga 3.

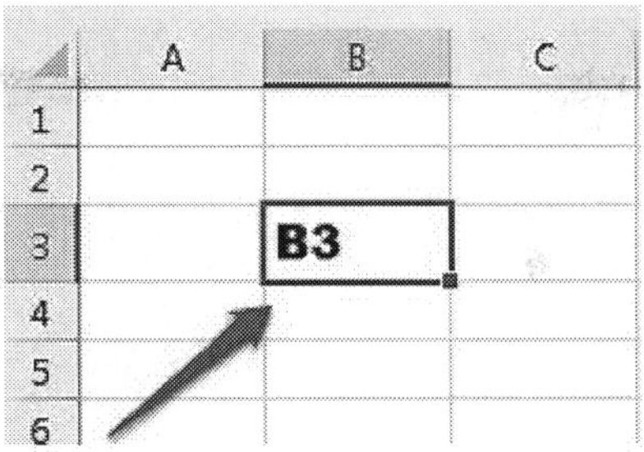

Intervallo di Celle

Un intervallo di celle è un gruppo di celle raggruppate in base a determinati criteri. Per riferire le celle, si usano i due punti (:). Excel può determinare l'intervallo, anche chiamato matrice. Per esempio, A3:D3 indica di considerare tutte le celle nel riquadro definito dalle colonne A e D e la riga 3, mentre C4:F9 indica di considerare tutte le celle nel riquadro definito dalle colonne C e F e le righe dal 4 al 9. Un riferimento 3D è un intervallo che copre diversi fogli di lavoro all'interno della stessa cartella di lavoro.

Cella Unita

Una cella unita si crea quando due o più celle vengono combinate insieme.

Grafico Pivot

Questa tipologia di grafico fornisce un riferimento visuale alle tabelle pivot, mostrando rappresentazioni grafiche dei dati contenuti in queste tabelle; consente all'utente di interagire con i dati.

Regione Pivot

La regione pivot è un'area del foglio di lavoro in cui si può spostare un campo della tabella pivot per modificare l'aspetto di un report.

Dati di Origine

Questi rappresentano i dati utilizzati per creare la tabella pivot. Essi possono provenire dallo stesso foglio di lavoro o da un database esterno.

Area Valori

Le aree valori sono le celle di una tabella pivot che contengono i dati più recenti. All'interno della tabella pivot, queste sono sottocategorie di campi. Ad esempio, se hai un campo "Paese", le voci potrebbero essere Stati Uniti, Italia, ecc.

Template

Un template è una cartella di lavoro o un foglio di lavoro Excel che è stato progettato per aiutare gli utenti a completare un determinato compito. Esempi possono includere la tracciatura dell'inventario, la mappatura dei processi, i calendari, ecc.

Operatore

In un'espressione, gli operatori sono simboli e segni che indicano i calcoli da eseguire. Gli operatori possono essere matematici, di confronto, di concatenazione, testuali o di riferimento.

Formula

Una "formula" è una sequenza di caratteri in una cella che viene utilizzata per generare un valore. Deve iniziare con un segno di uguale (=). Può essere un calcolo, una funzione, un riferimento tra celle o un operatore. Un altro termine per la formula è espressione.

Barra delle Formule

La Barra delle Formule si trova tra la cartella di lavoro e la barra multifunzione e mostra il contenuto di una cella attiva. Nel contesto delle formule, la barra delle formule può visualizzare tutti i componenti della formula.

Funzione

Le funzioni sono calcoli predefiniti di Excel. Sono progettate per semplificare i calcoli teoricamente complessi in un foglio di lavoro.

Formattazione delle Celle

La formattazione delle celle si riferisce alla modifica dell'aspetto di una cella o dei suoi contenuti in un foglio di calcolo. La formattazione modifica solo la rappresentazione visiva delle celle; il valore all'interno delle celle rimane invariato.

Codici di Errore

Se Excel rileva un problema con una formula, restituisce dei codici di errore.

Filtro

I filtri sono regole che puoi utilizzare per determinare quali righe di un foglio di lavoro vengono visualizzate. Questi filtri possono basarsi su condizioni o valori specifici.

Riempimento Automatico

Questa funzione facilita la copia dei dati in diverse celle, rendendo più efficiente la manipolazione di grandi set di dati.

Somma Automatica

Questa funzione esegue automaticamente l'addizione dei numeri nel tuo foglio e mostra il risultato in una cella da te scelta.

Formattazione Automatica

È una funzione che applica automaticamente un formato predefinito alle celle che soddisfano determinati criteri. Può essere semplice come modificare l'altezza della cella o più complesso, come la modifica di font e colore.

Convalida dei Dati

La convalida dei dati è una funzione che previene l'inserimento di dati non validi o incoerenti nel foglio di lavoro. Questa funzione garantisce che i dati inseriti siano accurati e coerenti.

Tabella Pivot

È un metodo versatile di sintesi dei dati, comunemente utilizzato per organizzare, aggregare e sommare dinamicamente i dati. I dati vengono estratti da una tabella di origine e i risultati vengono presentati in un formato riassuntivo.

Strumenti per Excel

Esistono diverse risorse in Excel che rendono il lavoro più comodo ed efficiente. Tra queste, gli add-in di Excel sono piccoli software che possono essere caricati insieme a Excel per aggiungere funzionalità non presenti nel programma base. Alcuni esempi di add-in prodotti da terzi sono Filter Mate, Pivot Pal, Tab Hound e Paste Buddy.

Tipi di File Excel

I formati di file, o estensioni, in Excel sono importanti poiché forniscono informazioni sui file prima di aprirli e specificano come dovrebbero essere salvati (come file macro, file binari, modelli, ecc). Ecco alcuni dei formati di file più comuni:

- Cartella di Lavoro Excel (.xlsx): Questo è il principale formato di file basato su XML per Excel 2010. I file .xlsx organizzano i dati in celle disposte in fogli di lavoro all'interno di una cartella di lavoro. Non può contenere codice macro di Microsoft Visual Basic for Applications (VBA) o il foglio macro di Microsoft Office Excel 4.0 (.xlm).

- Template (.xltx): Questo formato è utilizzato per i modelli di fogli di calcolo che contengono impostazioni standard, compresi i dettagli di layout per creare dati .xlsx. Non può contenere codice macro di Microsoft Visual Basic for Applications (VBA) o un foglio macro di Microsoft Office Excel 4.0. Viene utilizzato per creare un insieme di fogli di calcolo con lo stesso design e le stesse proprietà.

- Modello Macro-abilitato (.xltm): Questo formato, disponibile in Excel 2007 e 2010, fornisce la struttura predefinita per generare fogli di lavoro macro-abilitati. I fogli macro di Visual Basic Application o Excel 4.0 possono essere salvati in questo formato.

- Cartella di Lavoro Excel 97-2003 (.xls): Questo formato, noto anche come Binary Interchange File Format (BIFF), è il formato di file principale per Excel 2003.

- Cartella di Lavoro Macro-abilitata Excel (.xlsm): Questo formato è utilizzato per i fogli di lavoro macro-abilitati in Excel 2021, Excel 365, Excel 2019, Excel 2016, Excel 2013, Excel 2010 e Excel 2007. Include una macro integrata scritta nel linguaggio di programmazione Visual Basic for Applications (VBA).

- Foglio di Lavoro Binario Excel (.xlsb): Questo è il formato binario utilizzato in Excel 2010 e Excel 2007. Questo tipo di file viene utilizzato per creare e aggiornare fogli di calcolo. È più comune del formato .xlsx poiché è più compatto e facile da distribuire tra gli utenti.

- Modello Excel 97-2003 (.xlt): Questo formato è utilizzato per i modelli di fogli di calcolo che includono impostazioni standard e dettagli di configurazione per generare nuovi fogli di calcolo. Il formato di file binario Excel è usato per salvare questi file.

Ci sono anche altri formati di file, tra cui:

- Dati in XML (.xml)

- Add-in per Excel (.xlam)

- Works 6.0-9.0 Foglio di Lavoro Excel 4.0 (.xlw)

- Cartella di Lavoro Excel 5.0/95 (.xls)

- Foglio di Calcolo XML 2003 (.xml)

Dove Scaricare Microsoft Excel?

Se ti stai chiedendo dove e come scaricare e attivare Microsoft Excel sul tuo dispositivo, non preoccuparti, ecco tre opzioni per ottenere Microsoft Excel:

1. Edizione Web: Puoi utilizzare Microsoft Excel e altre applicazioni di Office gratuitamente attraverso il web. Tutto ciò che serve è un account Microsoft per accedere alla versione gratuita del software su

https://www.office.com. Una volta registrato, avrai la possibilità di scegliere qualsiasi programma tu voglia eseguire direttamente dal tuo browser.

2. Versione per Dispositivi Mobili: Microsoft Excel è disponibile per Android, Windows e dispositivi Apple. Puoi scaricare l'applicazione dal Google Play Store se sei un utente Android, dal Microsoft Store per i dispositivi Windows, e dall'Apple Store per i dispositivi Apple.

3. Versione Desktop: Puoi ottenere Microsoft Excel e altre applicazioni di Office per il tuo computer nella versione desktop. Per fare ciò, visita https://www.office.com e seleziona 'Get Office' per esaminare le diverse versioni di Microsoft Excel disponibili.

Ricorda che per poter utilizzare queste applicazioni potrebbe essere richiesto un pagamento. L'edizione Home offre una versione di prova gratuita di 30 giorni, dopo la quale sarà necessario effettuare un pagamento per continuare ad utilizzare il software.

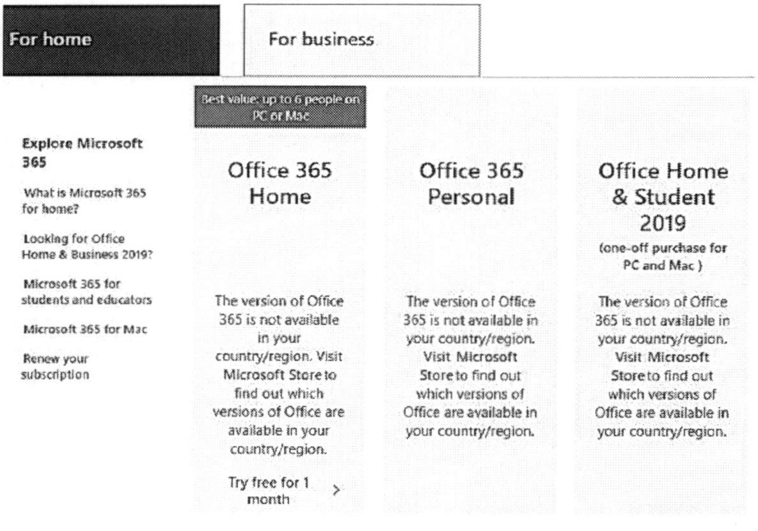

Capitolo 2: Operazioni fondamentali in Excel

In questo capitolo, esploreremo le operazioni di base su Excel, inclusi i passaggi per avviare e chiudere l'applicazione.

Prima di iniziare, è importante notare che l'aggiornamento minimo di Windows necessario per eseguire Excel è Windows 10. Se stai utilizzando un dispositivo con Windows 7 o 8, dovrai aggiornarlo a Windows 10 prima di poter utilizzare Excel. Questo può essere fatto rivolgendoti a un professionista del settore IT o visitando un centro Microsoft Office per aggiornare il tuo computer alla versione più recente di Windows. Ecco come avviare Excel su Windows 10:

Avvio di Excel tramite il pulsante Start

Ci sono vari modi per avviare Excel sul tuo computer Windows 10. Uno dei più comuni è attraverso il pulsante Start.

Ecco i passaggi da seguire:

1. Clicca sul pulsante Windows sul tuo schermo.

2. Scorri l'elenco delle applicazioni in ordine alfabetico fino a quando trovi Excel.

In alternativa, puoi avviare Excel senza aprire il menu Start di Windows 10. Basta digitare 'Excel' nella casella di testo Cerca, che si trova accanto al pulsante Windows. Dopo aver digitato 'Excel', premi Invio e l'applicazione si aprirà automaticamente.

Come chiudere Excel

Quando hai finito di lavorare con Excel e desideri terminare o chiudere l'applicazione, segui questi semplici passaggi:

- Per chiudere la finestra dell'applicazione Excel, puoi premere Alt+F4 o cliccare sul pulsante di chiusura situato nell'angolo in alto a destra.

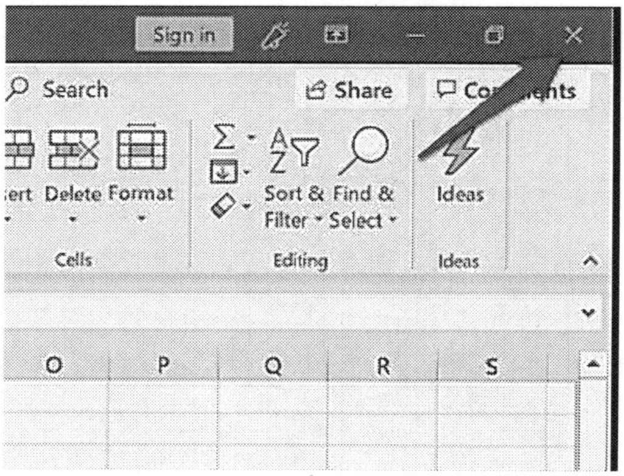

La schermata di avvio di Excel

La schermata di avvio è la prima cosa che appare quando apri Excel. Questa schermata è divisa in due pannelli principali.

- Sul lato sinistro, troverai l'icona Home che puoi selezionare. Questo pannello contiene opzioni come "Nuovi elementi aperti" in cima, e "Account", "Feedback" e altre scelte in basso.

- Il pannello di destra mostra una serie di anteprime con diverse opzioni di progettazione. In particolare, il pulsante "Excel workbook" (Cartella di lavoro vuota) è utilizzato per creare un nuovo file Excel vuoto.

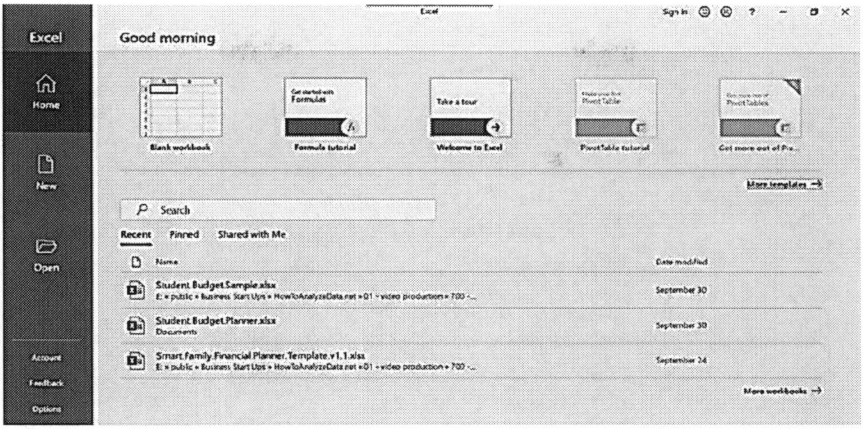

Interfaccia utente della barra multifunzione di Excel

Dopo aver avviato una nuova cartella di lavoro vuota, noterai diverse funzionalità importanti sul foglio di lavoro. Queste funzionalità sono raggruppate in quattro categorie principali:

- Pulsante Menu File: Questo menu offre opzioni come "Nuovo", "Apri", "Salva con nome", "Condividi", "Esporta", "Pubblica", "Chiudi" e "Account", oltre ad altre impostazioni per personalizzare Excel.

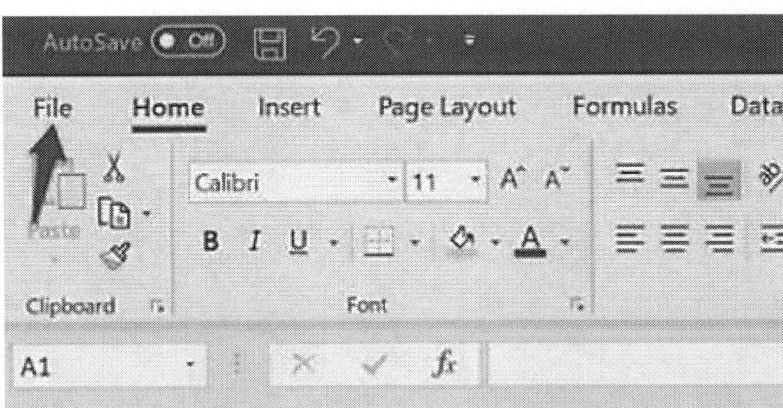

- Barra degli strumenti di accesso rapido: Qui troverai comandi come "Salvataggio automatico", "Salva", "Annulla" e "Ripristina".

- Barra multifunzione: Contiene la maggior parte dei comandi di Excel, organizzati in schede, da "Home" a "Visualizza".

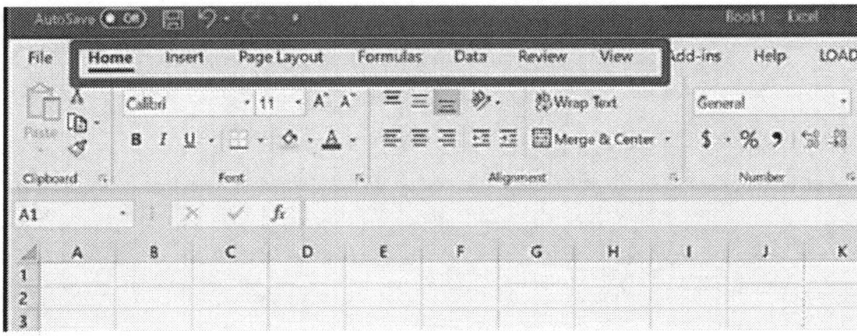

- Barra della formula: Mostra l'indirizzo della cella corrente e il suo contenuto.

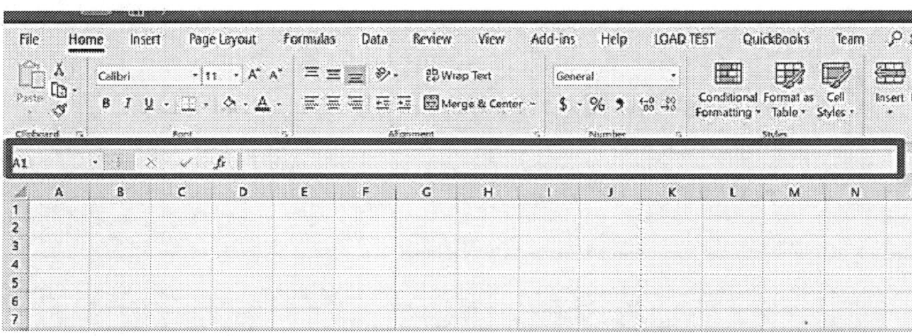

- Area del foglio di lavoro: Questa è l'area dove trovi tutte le celle su cui stai lavorando, con le intestazioni delle colonne indicate da lettere e le intestazioni delle righe indicate da numeri.

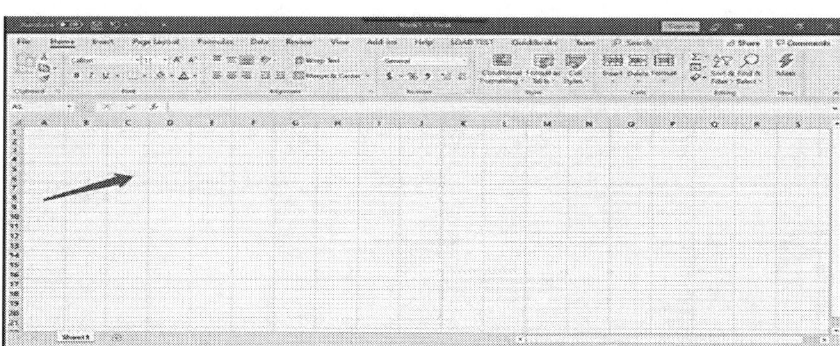

- Barra di stato: La barra di stato mostra la modalità attuale di Excel e offre strumenti per eseguire operazioni speciali sul foglio di lavoro, come creare un nuovo foglio di lavoro vuoto, ingrandire o rimpicciolire.

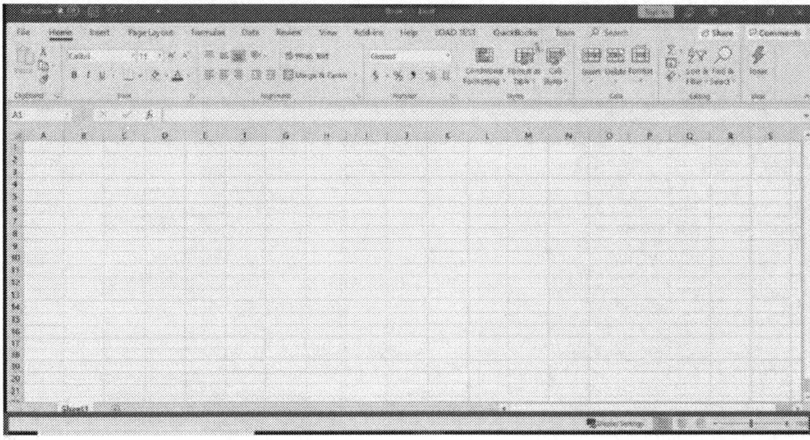

Comprendere la cartella di lavoro

Esamineremo come gestire una cartella di lavoro. Ricorda che ogni azione eseguita in Excel viene realizzata direttamente sulla cartella di lavoro. Qualsiasi dato inserito, come lettere, numeri o formule, viene conservato nella cartella di lavoro. Un foglio di lavoro, che si trova all'interno della cartella di lavoro, è dove inserisci e manipoli questi dati. Un foglio di lavoro contiene 16.384 colonne, contrassegnate con lettere dell'alfabeto, e 1.048.576 righe, contrassegnate con numeri da 1 a 1.048.576.

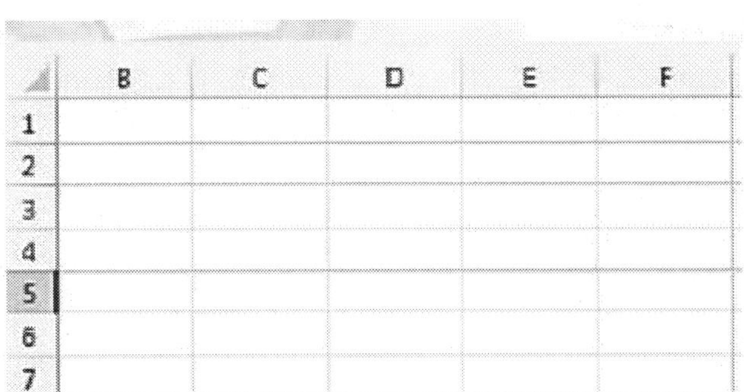

Creazione di un nuovo foglio di lavoro

Per creare una nuova cartella di lavoro in Excel, segui questi passaggi:

- Avvia Excel per visualizzare la schermata iniziale del programma. Seleziona quindi l'opzione "Nuovo".

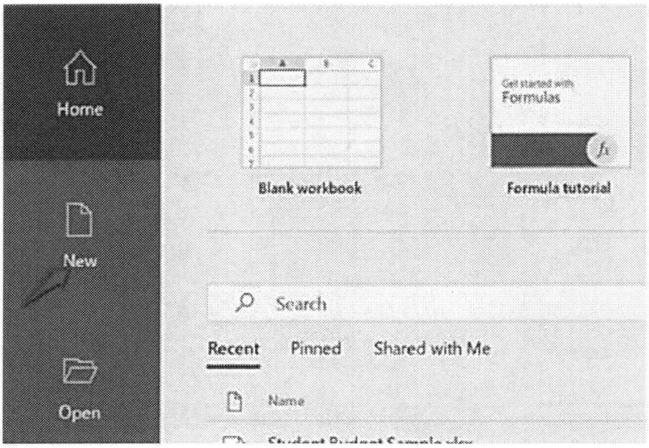

Rinominare un foglio di lavoro

"Foglio1" è il nome predefinito per un nuovo foglio di lavoro Excel. Tuttavia, è possibile cambiare questo nome come preferisci. Fai clic con il tasto destro del mouse sul foglio di lavoro che desideri rinominare e segui questi passaggi:

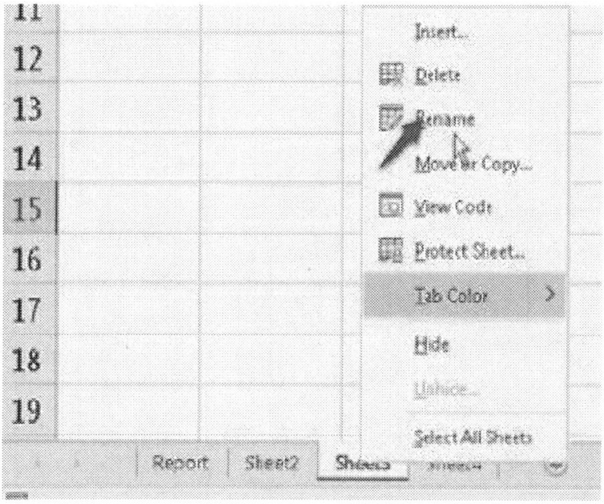

- Seleziona l'opzione "Rinomina", digita il nuovo nome che desideri assegnare e premi "Invio".

Aggiungere un nuovo foglio di lavoro

Per aggiungere un nuovo foglio di lavoro, basta premere l'icona "+" accanto all'ultimo foglio.

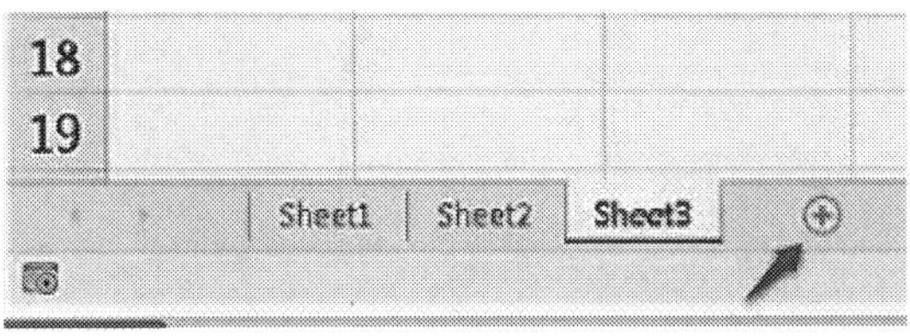

Vedrai che il nuovo foglio è stato aggiunto alla cartella di lavoro.

Eliminare un foglio di lavoro

Per eliminare un foglio di lavoro, segui questi passaggi:

- Fai clic con il tasto destro del mouse sul foglio di lavoro che desideri eliminare e seleziona "Elimina".

Il foglio di lavoro verrà rimosso dalla cartella di lavoro.

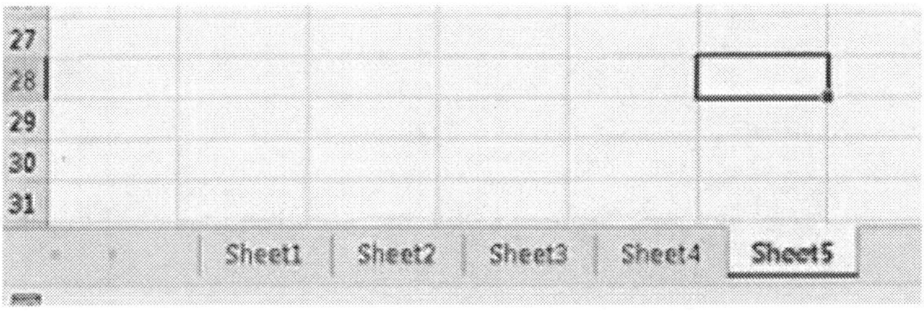

Copiare o spostare un foglio di lavoro

Excel ti permette di copiare o spostare fogli di lavoro all'interno di una cartella di lavoro. Per farlo, basta seguire queste indicazioni:

- Fai clic con il tasto destro del mouse sul foglio di lavoro che desideri copiare o spostare e seleziona "Sposta o copia" dal menu. Il foglio verrà copiato o spostato secondo la tua scelta.

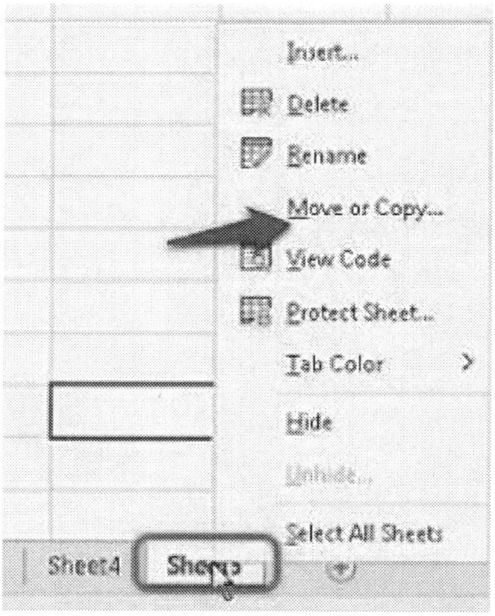

Cambiare il colore del foglio di lavoro

Per cambiare il colore di un foglio di lavoro, segui queste istruzioni:

- Fai clic con il tasto destro del mouse sul foglio di lavoro che desideri colorare.

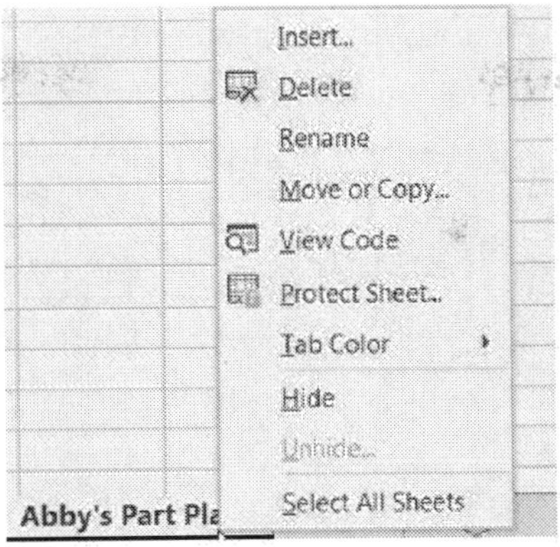

Seleziona "Tab color" e scegli il colore che preferisci, quindi premi "Invio".

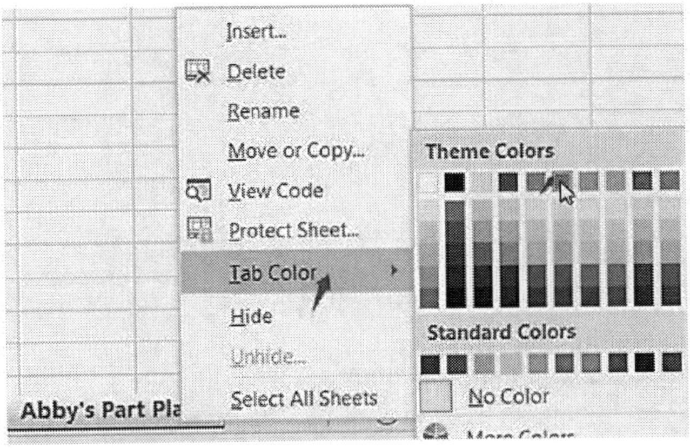

Salvare il documento

Quando lavori su una cartella di lavoro in Excel, hai due opzioni principali per salvare i tuoi dati. Vediamole più da vicino:

- Salva: Questa funzione viene utilizzata quando si effettuano modifiche a una cartella di lavoro che è già stata salvata sul dispositivo. Questa opzione ti permette di salvare gli ultimi aggiornamenti del tuo documento senza la necessità di specificare un nuovo nome di file o una posizione di salvataggio.

- Salva con nome: Questa opzione viene utilizzata quando crei un nuovo documento. Qui dovrai definire il nome del file e il percorso di salvataggio. Questo comando può essere utilizzato anche per creare una copia di un file esistente; tuttavia, dovrai assegnare un nome diverso alla copia e salvarla in un posto diverso per evitare di sovrascrivere l'originale.

Esportare cartelle di lavoro

Di default, Excel salva le cartelle di lavoro nel formato file .xlsx. Tuttavia, potrebbero esserci occasioni in cui vorrai salvare il file in un formato diverso o compatibile con una versione precedente di Excel. Ecco come fare:

- Apri la vista Backstage di Excel e seleziona "Esporta".

- Quindi scegli "Crea Documento PDF/XPS" dal menu a discesa.

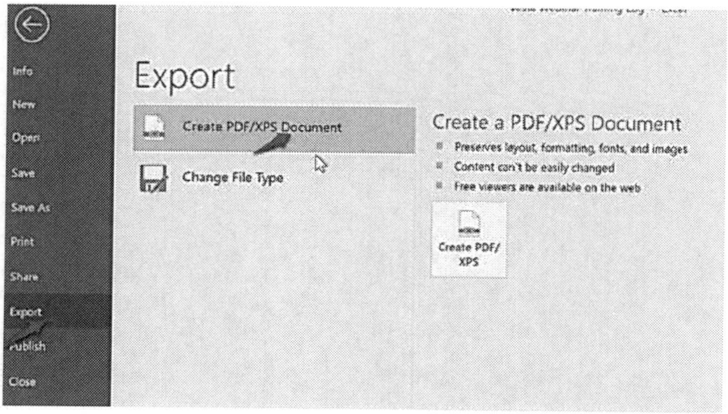

- Se desideri modificare il formato del file, scegli "Cambia Tipo di File".

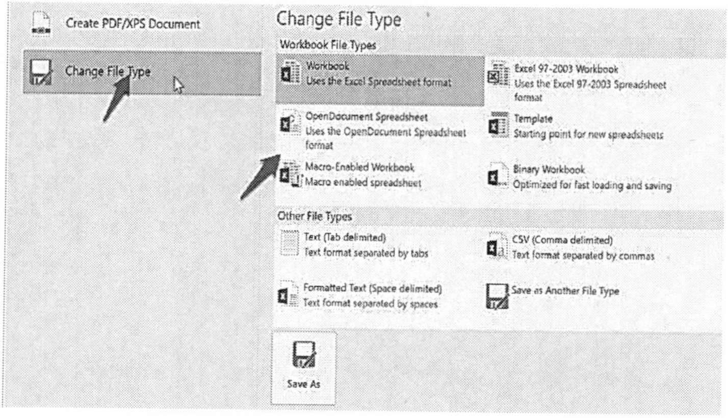

Condividere una cartella di lavoro Excel

Se desideri condividere la tua cartella di lavoro Excel con altre persone, segui questi passaggi:

- Nell'angolo in alto a destra del foglio di lavoro Excel, clicca sul pulsante "Condividi".

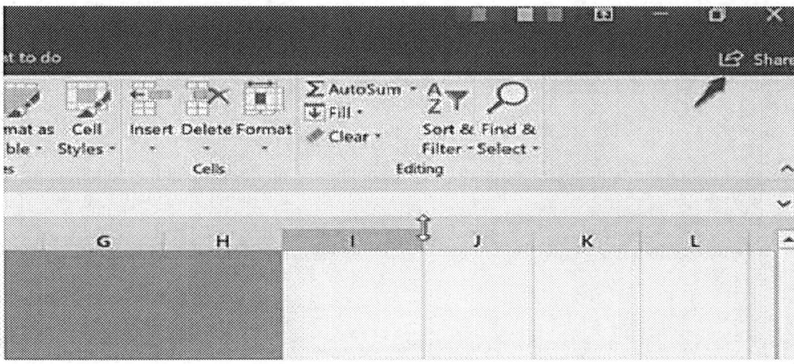

- Carica il tuo file su OneDrive.

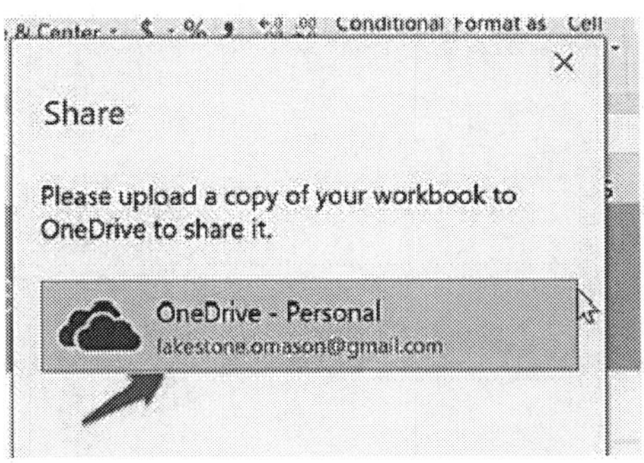

- Puoi inviare un invito ai tuoi contatti per accedere o modificare il documento una volta che è stato caricato.

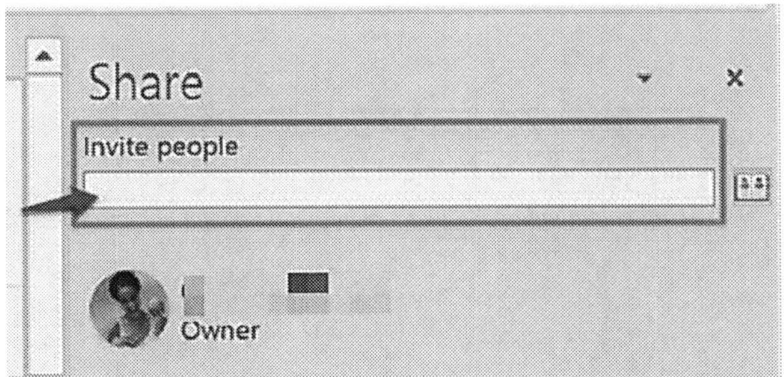

Comprendere le celle

I dati in Excel vengono inseriti nelle celle. Le celle sono i numerosi rettangoli che compongono il foglio di lavoro. Ciascuna cella rappresenta il punto di intersezione tra una riga e una colonna. Le colonne sono identificate da lettere dell'alfabeto (A, B, C, ecc.), mentre le righe sono identificate da numeri (1, 2, 3, ecc.). Quando lavori con Excel, inserisci dati o informazioni nelle celle. Le celle sono l'elemento fondamentale di un foglio di lavoro. Per manipolare, analizzare e organizzare i dati in Excel, è importante comprendere le basi delle celle e dei loro contenuti.

Cos'è una cella?

Un foglio di lavoro è costituito da una vasta griglia di rettangoli chiamati celle. Una cella rappresenta il punto di intersezione tra una riga e una colonna. Le colonne sono identificate da lettere (A, B, C, ecc.), mentre le righe sono identificate da numeri (1, 2, 3, ecc.).

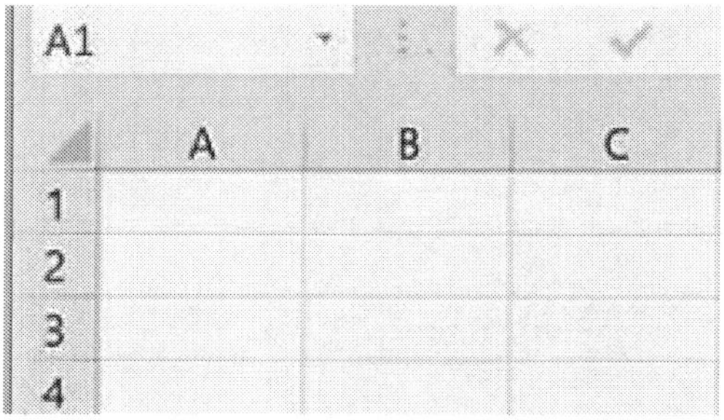

- L'indirizzo o il nome di ogni cella è visualizzato nell'angolo superiore sinistro del foglio di lavoro.

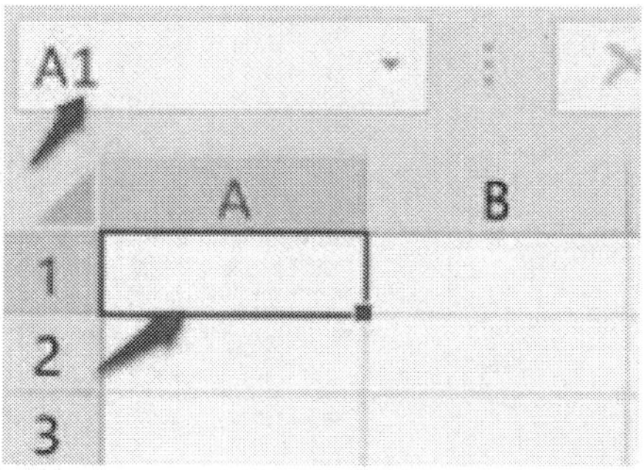

- Un gruppo di celle viene chiamato intervallo o array di celle. Un intervallo di celle comprende due o più celle e viene denotato nel formato A1:A5 o B1:B5, per esempio.

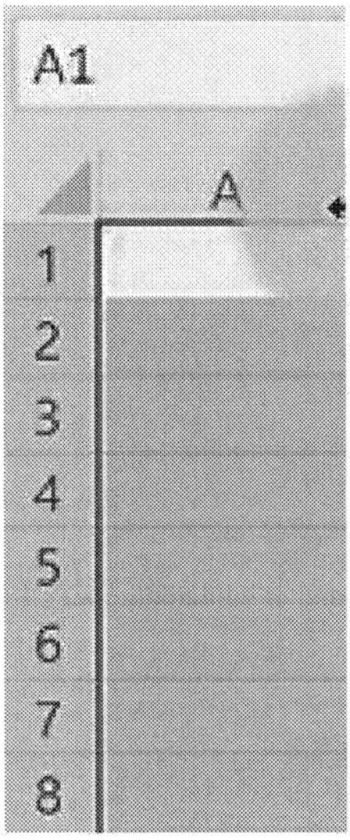

Per selezionare un intervallo di celle, clicca e trascina su di esse.

- Per evidenziare le celle, fai clic, tieni premuto e poi trascina il mouse su di esse.

- Rilascia il pulsante del mouse e l'insieme di celle che hai delineato verrà selezionato.

Come inserire contenuti nelle celle

Per inserire dati, sia testo che numeri:

- Seleziona la cella in cui desideri scrivere.

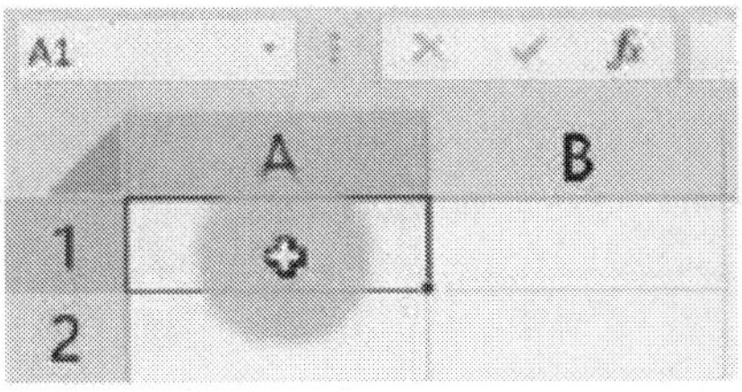

- Digita i dati nella cella, e questi appariranno sia nella cella stessa che nella barra delle formule.

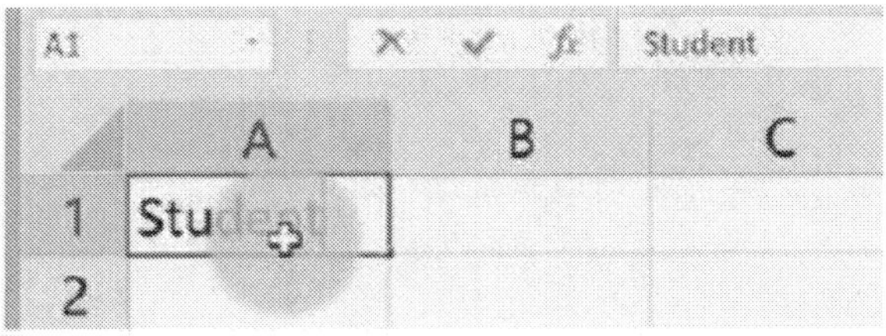

Come cancellare una cella

Per eliminare il contenuto di una cella, segui questi passaggi:

- Seleziona la cella che desideri svuotare.

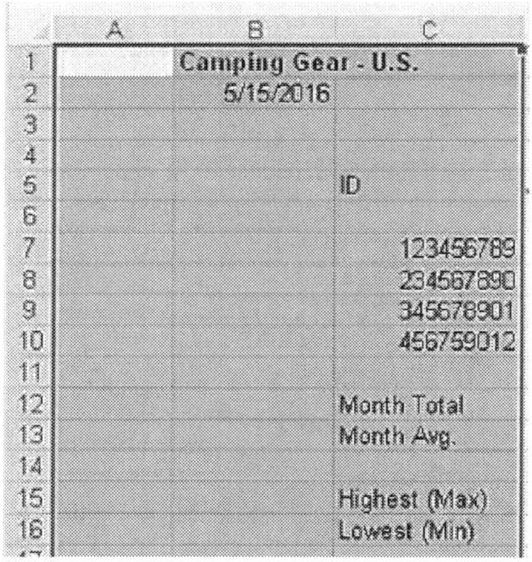

- Nella scheda Home della barra multifunzione, seleziona il comando Cancella e quindi l'opzione appropriata.

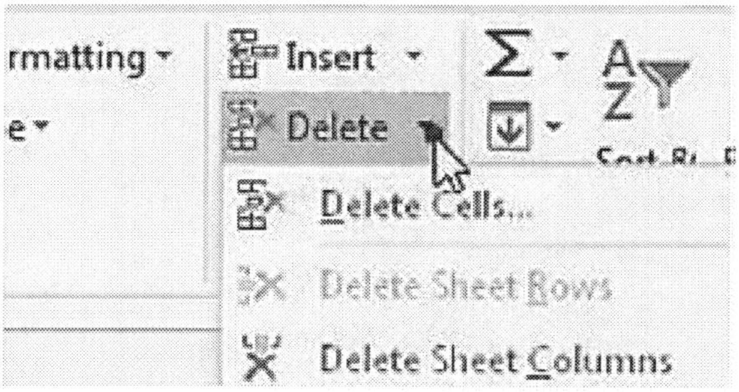

- Il contenuto della cella sarà immediatamente cancellato.

Copia e incolla dei contenuti delle celle

Per fare ciò:

- Seleziona i dati che desideri copiare da una cella.

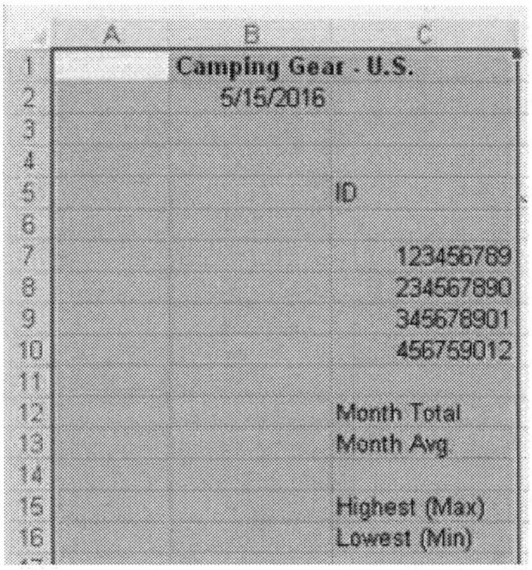

- Nella scheda Home, seleziona il comando Copia (o usa ctrl+C).

Quindi, seleziona la cella in cui desideri incollare i dati e clicca su Incolla. Nota che la cella copiata potrebbe essere delineata da un riquadro tratteggiato per identificarla (oppure, puoi incollare con ctrl+V).

Trascinare le celle

Il trascinamento è un metodo utilizzato per spostare i contenuti da una cella all'altra senza la necessità di tagliare, copiare e incollare. Ecco come fare:

- Seleziona le celle che desideri spostare.

- Per trascinare il contenuto delle celle selezionate, posiziona il cursore del mouse sul bordo delle celle selezionate.

- Clicca, tieni premuto e trascina le celle alla posizione desiderata.
- Quando rilasci il pulsante del mouse, le celle saranno spostate nella posizione scelta.

Utilizzo della Maniglia di Riempimento

La Maniglia di Riempimento in Excel può risparmiarti un sacco di tempo evitandoti di dover copiare manualmente i dati da una cella all'altra in un foglio di lavoro. Questo strumento ti permette di replicare facilmente il contenuto di una cella nelle celle adiacenti della stessa riga o colonna.

Ecco come utilizzare la Maniglia di Riempimento:

- La Maniglia di Riempimento è rappresentata da un piccolo quadrato che appare nell'angolo inferiore destro della cella selezionata.

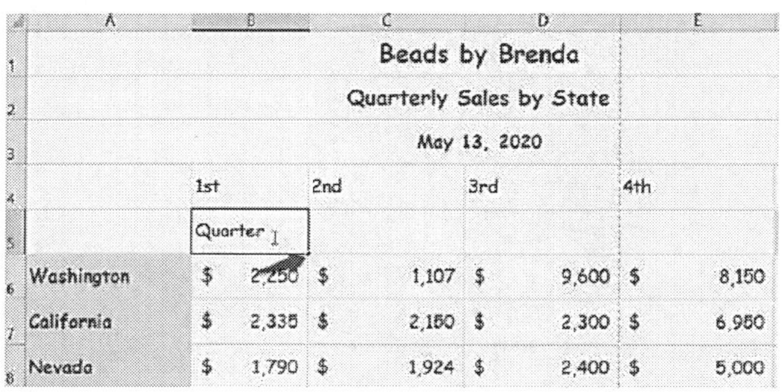

- Clicca, tieni premuto e trascina la Maniglia di Riempimento sulle celle che desideri riempire.

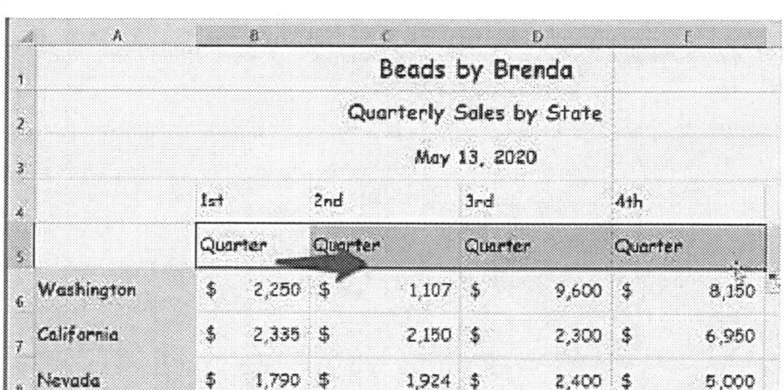

- Rilascia il mouse per completare l'operazione di riempimento.

La Maniglia di Riempimento può essere usata anche per creare una sequenza di numeri (1,2,3) o di giorni (lunedì, martedì, mercoledì). Molte volte, dovrai selezionare più celle prima che questo strumento possa funzionare.

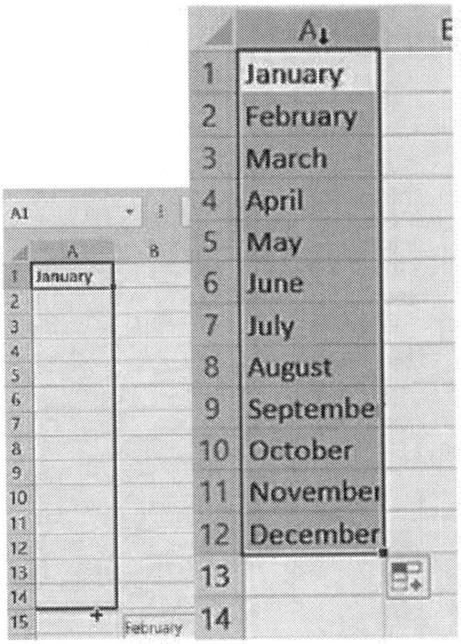

Formattazione delle Celle

Esistono molteplici opzioni per la formattazione delle celle in Excel. Qui vedremo come utilizzarle con delle semplici istruzioni.

Modificare il Font

Excel utilizza il font Calibri come predefinito. Questo è il font che vedrai quando inizi a digitare testo, numeri o altri caratteri nelle celle del tuo foglio di lavoro. Tuttavia, hai la possibilità di cambiare il font utilizzando la scheda Home.

Per farlo:

- Seleziona la cella o le celle il cui font desideri cambiare.

- Nella scheda Home, clicca sul comando Font (Carattere) e seleziona il font desiderato.

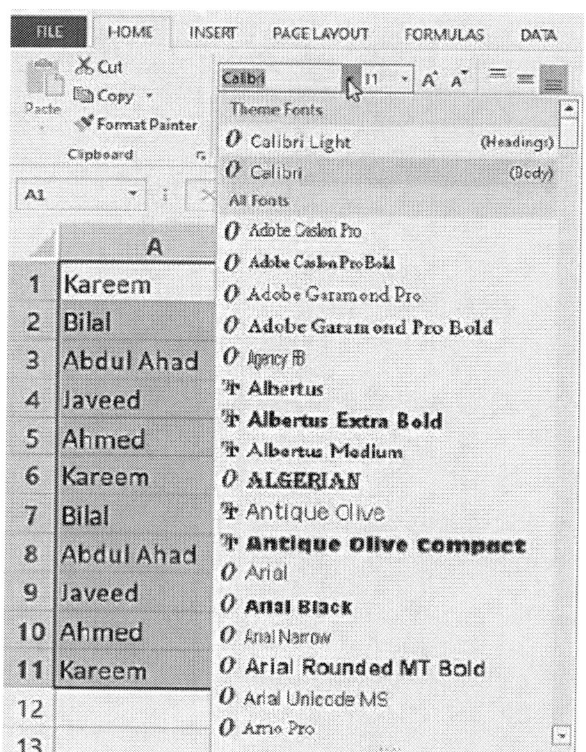

Cambiare la Dimensione del Font

Per modificare la dimensione del font:

- Seleziona la cella o le celle la cui dimensione del font desideri cambiare.

- Nella scheda Home, clicca sul comando Font e regola la dimensione del font come preferisci.

Cambiare il Colore del Font

Se desideri cambiare il colore del font di una cella, segui questi passaggi:

- Seleziona la cella o le celle il cui colore del font desideri cambiare.

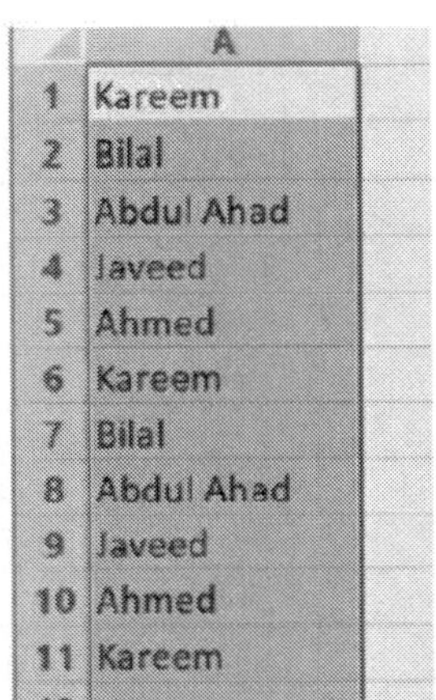

- Nella scheda Home, clicca sul comando Colore del Font e scegli il colore che preferisci.

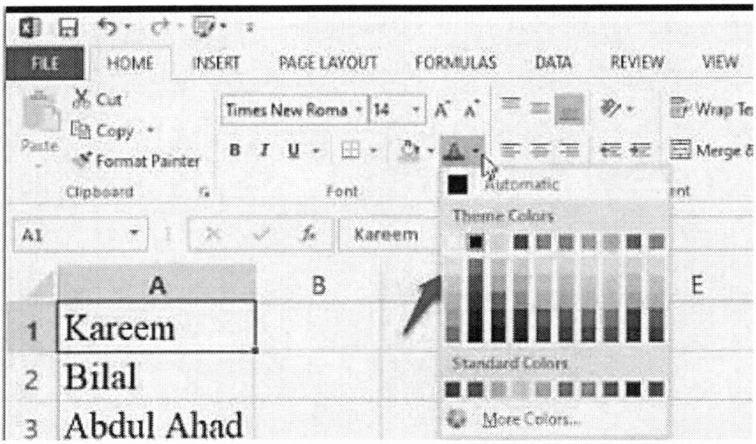

- Il colore del font cambierà una volta che hai completato questo passaggio.

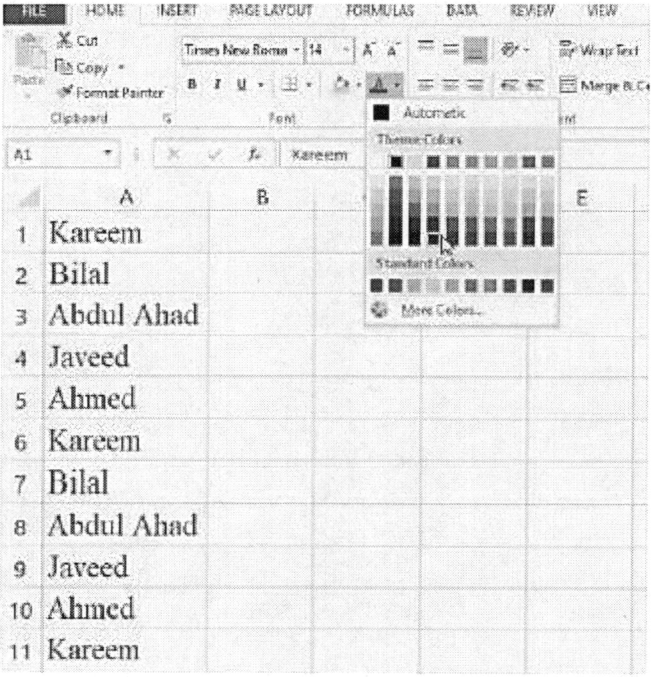

Comandi Grassetto, Corsivo e Sottolineato

Puoi rendere il testo grassetto, corsivo o sottolineato con pochi semplici passaggi:

- Seleziona la cella contenente il testo da modificare.

- Nella scheda Home, trova i comandi per Grassetto, Corsivo o Sottolineato e applica il miglioramento che preferisci.

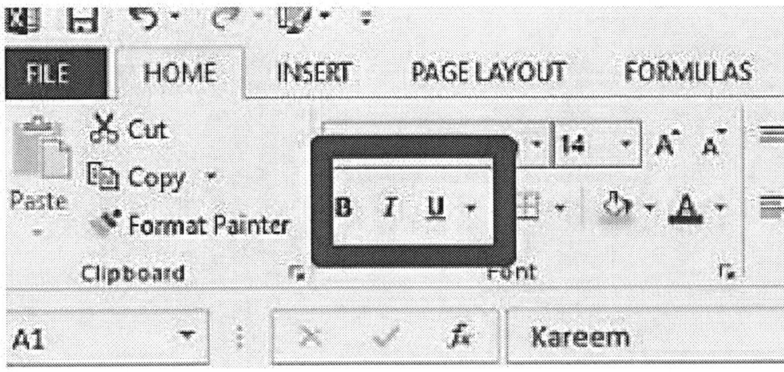

Aggiunta di un Colore di Sfondo con il Colore di Riempimento

Il colore di riempimento ti consente di dare alle celle un colore di sfondo che le distingue dal resto del foglio di lavoro. Per fare ciò:

- Seleziona la cella a cui desideri aggiungere il colore di riempimento.

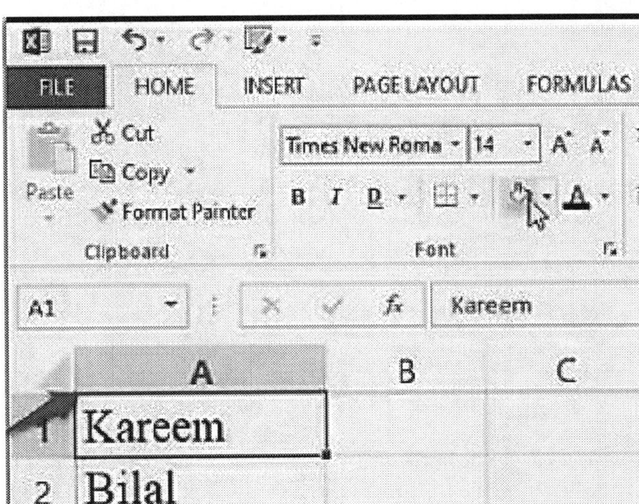

- Sulla scheda Home, seleziona il colore desiderato dal menu a discesa del comando Colore di Riempimento.

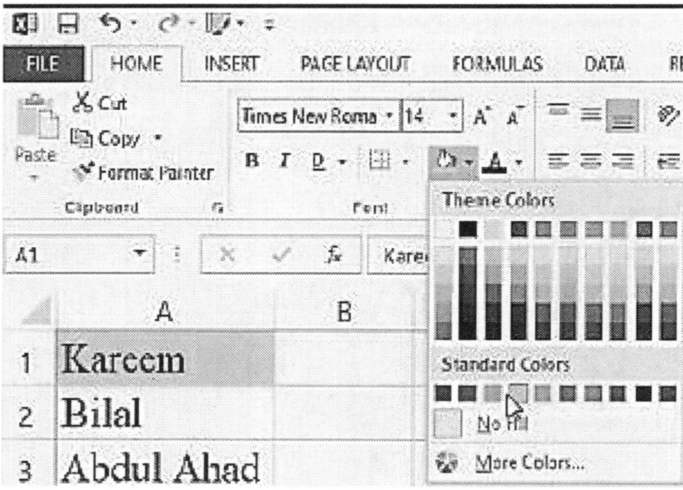

Aggiunta di un Bordo alle Celle

L'aggiunta di un bordo alle celle può aiutarti a evidenziare specifiche aree del tuo foglio di lavoro. Ecco come farlo:

- Seleziona la cella a cui desideri aggiungere un bordo.

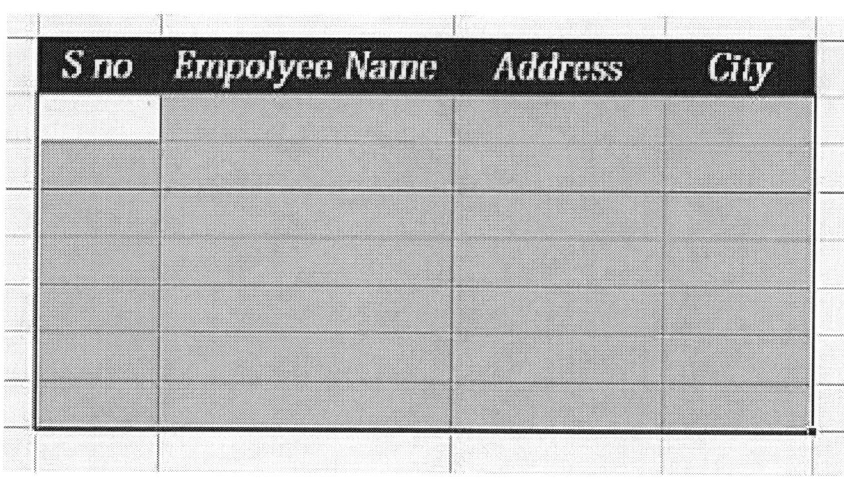

- Sulla scheda Home, clicca sul comando Bordi e scegli lo stile di bordo che preferisci.

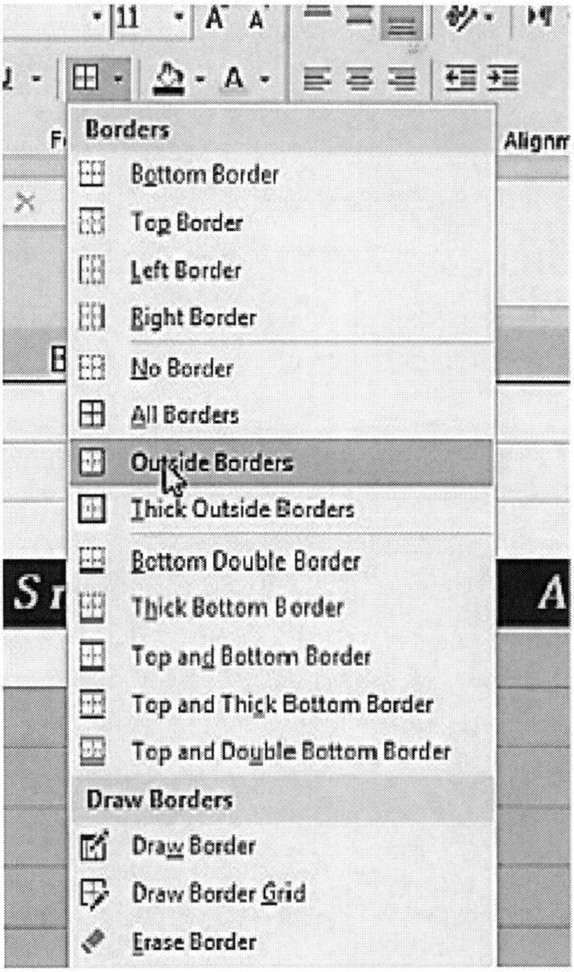

Modificare l'Allineamento del Testo

Per default, il testo in Excel è centrato nella cella. Puoi cambiare l'allineamento del testo per migliorare la leggibilità del tuo foglio di lavoro. Per farlo:

- Seleziona la cella il cui allineamento del testo desideri modificare.

- Nella scheda Home, clicca sul comando Allineamento e scegli l'opzione che preferisci.

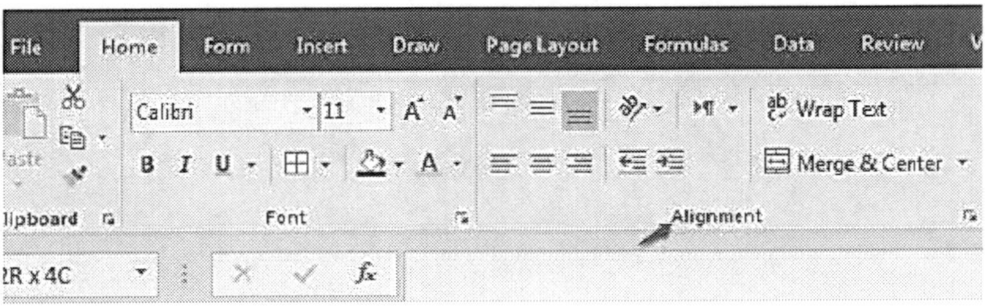

Modificare Dimensioni di Righe, Colonne e Celle

Excel ti permette di modificare la larghezza delle colonne, l'altezza delle righe e le dimensioni delle celle per adattare al meglio il tuo foglio di lavoro.

Modificare la Larghezza di una Colonna

Per farlo:

- Porta il cursore sull'intestazione della colonna fino a che non diventa una doppia freccia.

- Clicca, tieni premuto e trascina il mouse per aumentare o diminuire la larghezza della colonna.

- Rilascia il mouse per fissare la nuova larghezza.

Modificare l'Altezza di una Riga

Per farlo:

- Porta il cursore sull'intestazione della riga fino a che non diventa una doppia freccia.

- Clicca, tieni premuto e trascina il mouse per aumentare o diminuire l'altezza della riga.

- Rilascia il mouse per fissare la nuova altezza.

Aggiungere una Nuova Riga

Per farlo:

- Seleziona l'intestazione della riga dove desideri aggiungere una nuova riga.

- Nella scheda Home, clicca sul comando Inserisci e poi su Inserisci righe foglio.

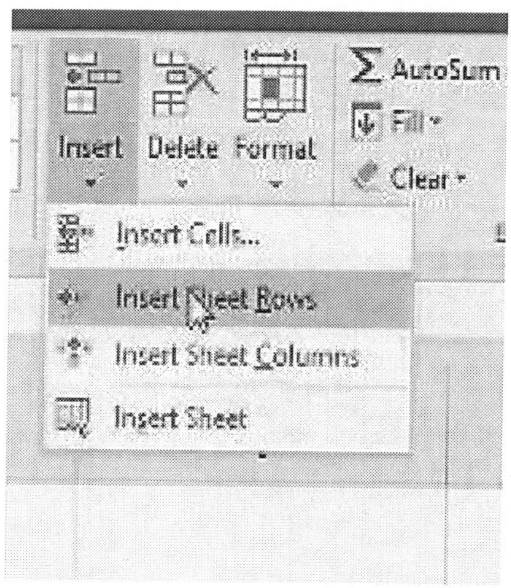

Aggiungere una Nuova Colonna

Per farlo:

- Seleziona l'intestazione della colonna a destra del punto dove desideri aggiungere una nuova colonna.

- Nella scheda Home, clicca sul comando Inserisci e poi su Inserisci colonne foglio.

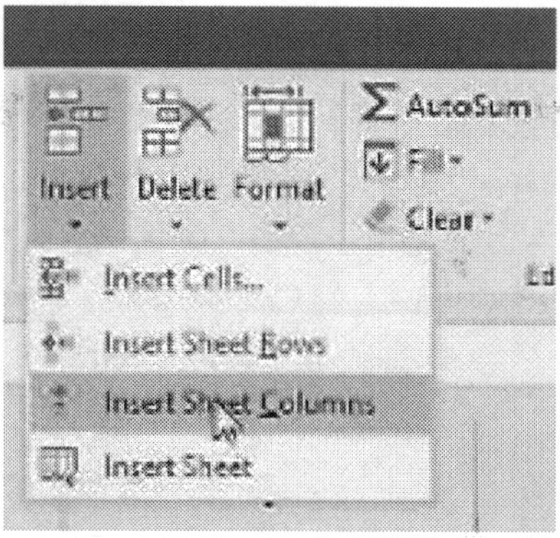

Rimozione di Colonne e Righe

Se desideri eliminare righe o colonne inutilizzate dal tuo foglio di lavoro, procedi nel seguente modo:

- Seleziona la riga o la colonna che desideri eliminare.

- Sulla scheda Home, clicca sul comando Elimina per rimuovere le righe o le colonne selezionate.

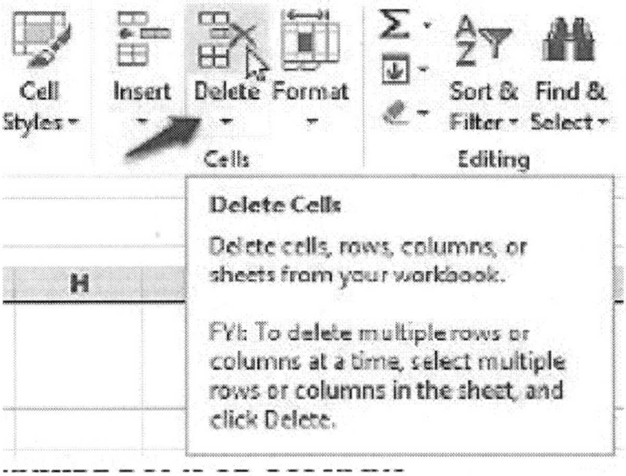

Nascondere e Mostrare Righe e Colonne

Ci possono essere momenti in cui vorresti nascondere certe righe o colonne nel tuo foglio di lavoro. Per farlo:

- Seleziona la riga o la colonna che desideri nascondere.

- Clicca con il tasto destro del mouse e seleziona Nascondi dal menu di formattazione.

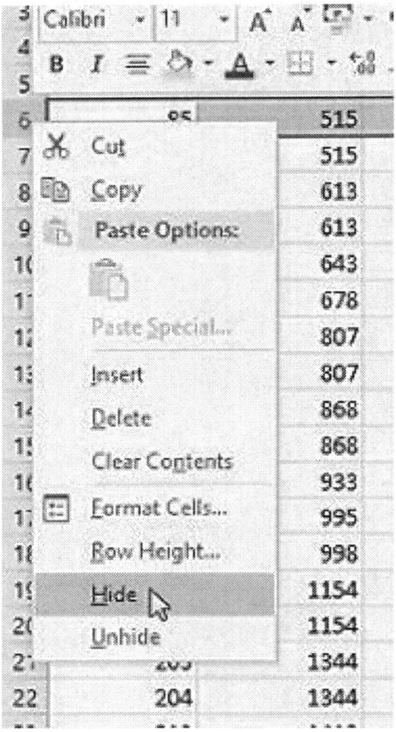

- La riga o la colonna nascosta sarà indicata da una linea verde.

- Per rivelare una colonna o una riga nascosta, clicca sulle colonne o righe adiacenti e clicca con il tasto destro del mouse, poi seleziona Mostra dal menu di formattazione.

Fusione di Celle e Avvolgimento del Testo

A volte, potresti scoprire che una cella contiene molto testo e può essere necessario avvolgere o fondere la cella invece di espanderne le dimensioni. L'opzione Avvolgi Testo adatta il testo in modo che si adatti alla cella, permettendo di visualizzare le informazioni su più righe. La funzione Unisci ti permette di creare una cella più grande combinando celle simili.

Per unire le celle:

- Seleziona le celle che desideri unire.

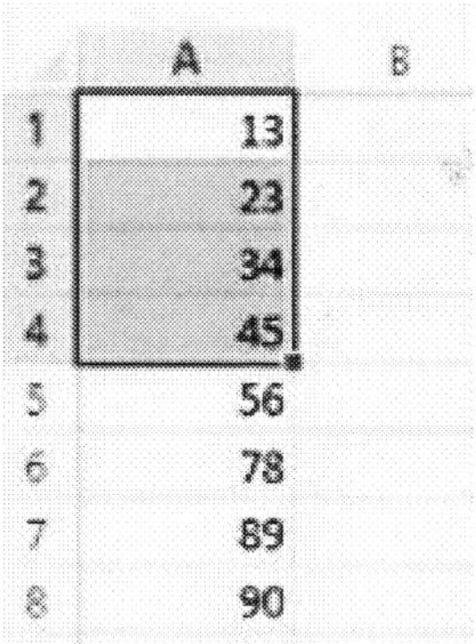

- Nella scheda Home, seleziona Unisci e Centra e scegli l'opzione desiderata dal menu a discesa.

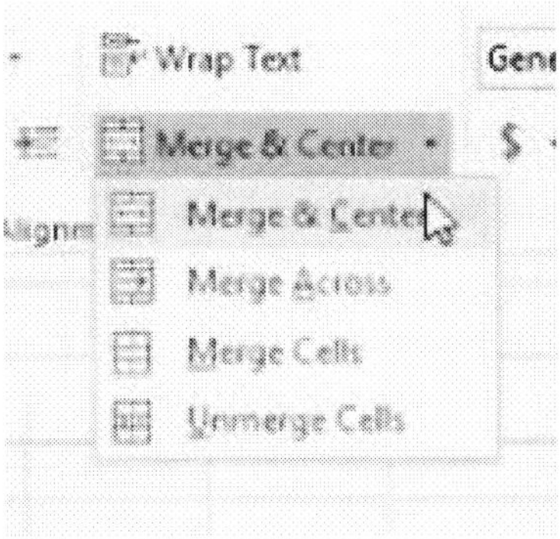

- Le celle selezionate saranno fuse secondo l'opzione scelta.

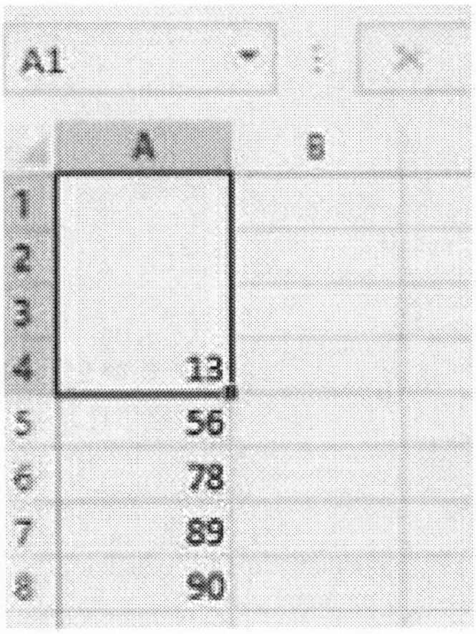

Per avvolgere il testo

- Seleziona la cella con il testo che desideri avvolgere.

- Nella scheda Home, clicca sul comando Testo a capo.

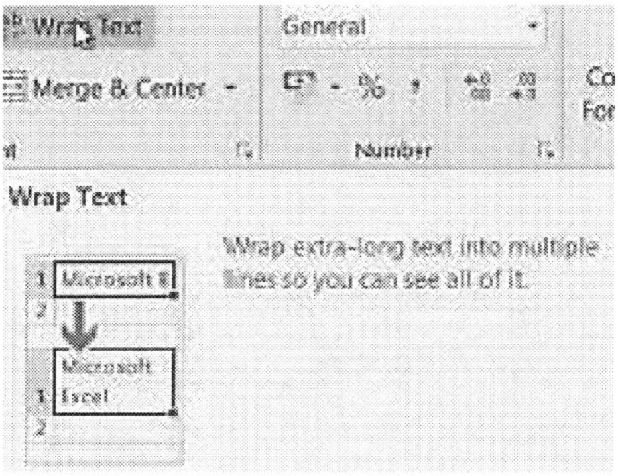

. - Il testo nella cella sarà avvolto.

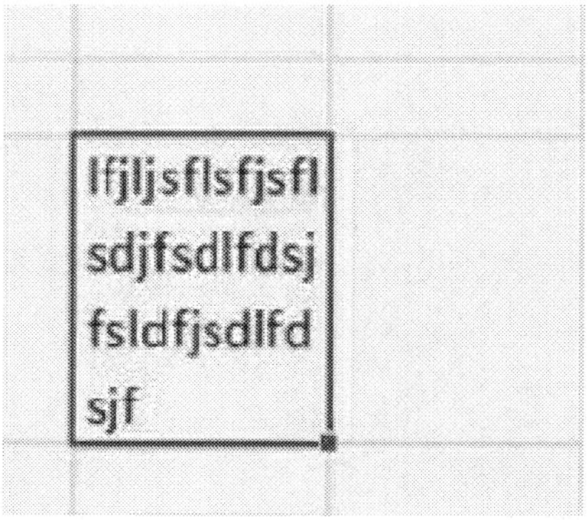

Personalizzazione del Foglio di Lavoro

Lavorare con il foglio di lavoro predefinito di Excel può risultare monotono a causa della sua interfaccia standard. Tuttavia, puoi personalizzare il foglio di lavoro di Excel modificando vari elementi come il tipo e la dimensione del carattere, la larghezza delle colonne e l'altezza delle righe, come discusso precedentemente. Questo rende il tuo foglio di lavoro più coinvolgente e piacevole da usare. Nel prossimo segmento, esploreremo altri metodi per adattare il foglio di lavoro predefinito alle tue preferenze.

Modifica del Tema del Foglio di Lavoro

Per personalizzare l'aspetto del tuo foglio di lavoro, puoi modificare il tema. Segui questi passi:

- Nella scheda Layout di Pagina, clicca su Temi e scegli un tema che rispecchia il tuo stile.

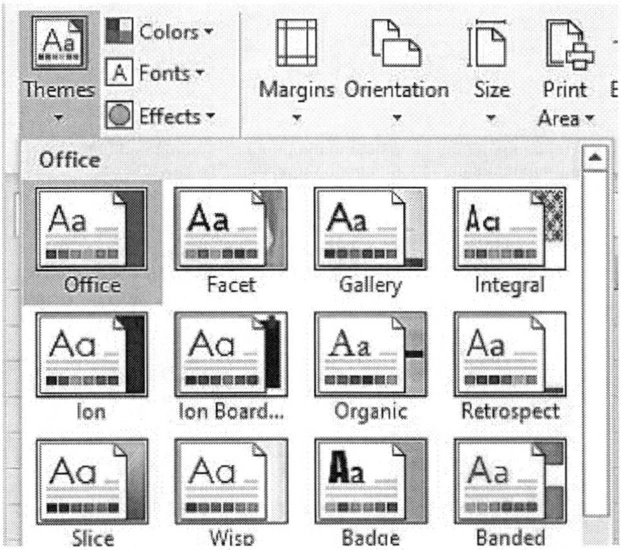

- Nella scheda Layout di Pagina, clicca su Temi e scegli un tema che rispecchia il tuo stile.

Modifica del Colore del Tema del Foglio di Lavoro

Se desideri modificare il colore del tema, fai quanto segue:

- Vai alla scheda Layout di Pagina e clicca su Colori, quindi scegli il colore che preferisci.

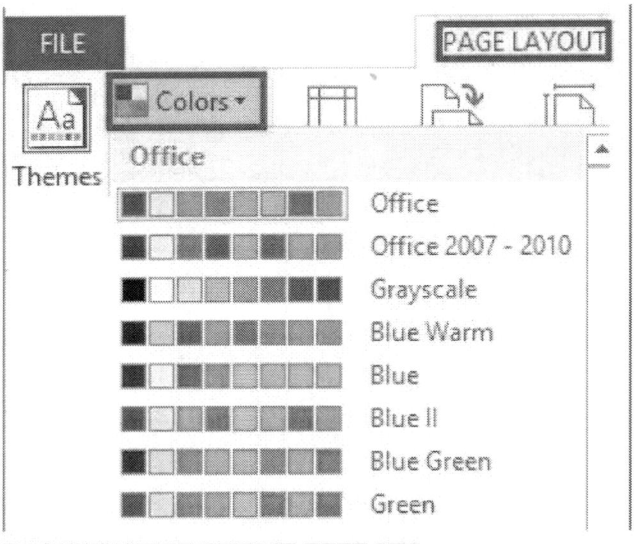

Modifica degli Effetti sul Foglio di Lavoro

Per modificare gli effetti nel tuo foglio di lavoro:

- Vai alla scheda Layout di Pagina e clicca su Effetti, quindi scegli l'effetto che desideri.

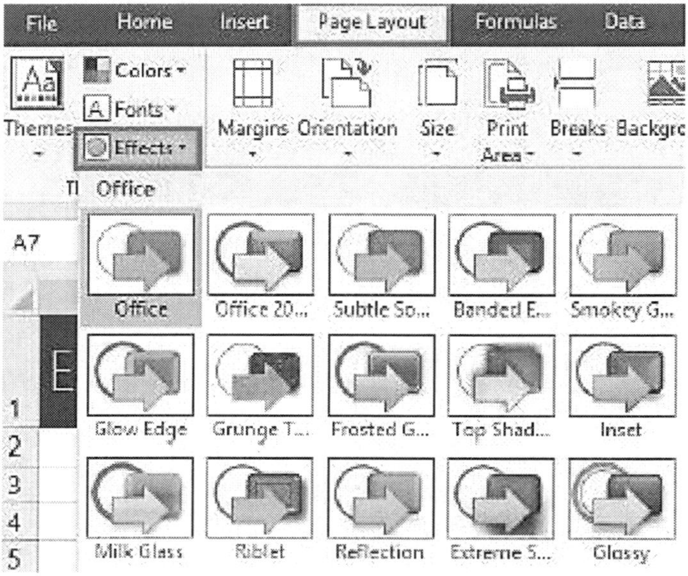

- Nella stessa scheda, clicca su Caratteri per selezionare il font che preferisci.

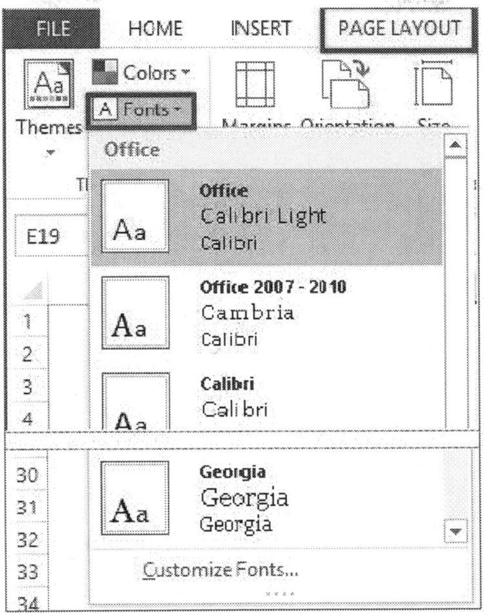

Zoom nel Foglio di Lavoro

Lo zoom può aiutarti a cambiare la tua prospettiva sul foglio di lavoro. Per farlo:

- Vai alla scheda Visualizza e scegli Zoom al 100% nel gruppo Zoom per visualizzare il foglio di lavoro alla sua dimensione originale.

- Per una visualizzazione ottimizzata, seleziona Zoom sulla Selezione nel gruppo Zoom della stessa scheda.

- Puoi anche inserire una percentuale di zoom personalizzata selezionando Zoom sulla Selezione.

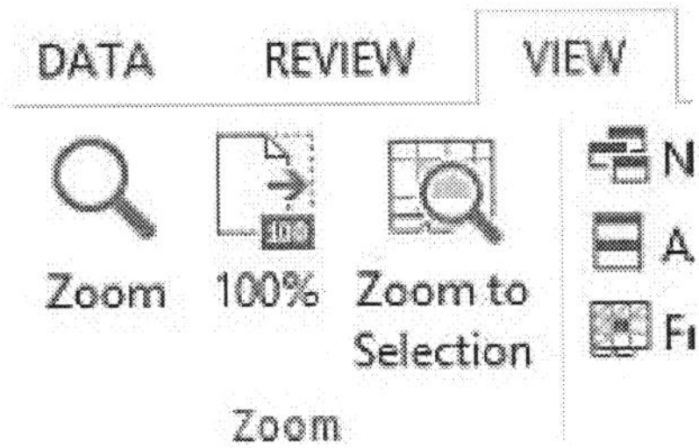

Aggiungere Altri Fogli di Lavoro alla Cartella di Lavoro

Per aggiungere più fogli di lavoro al tuo foglio di lavoro predefinito, procedi nel seguente modo:

- Vai alla scheda Home e seleziona Inserisci dal menu a discesa.

- Scegli Inserisci Foglio dal menu a discesa sotto Inserisci.

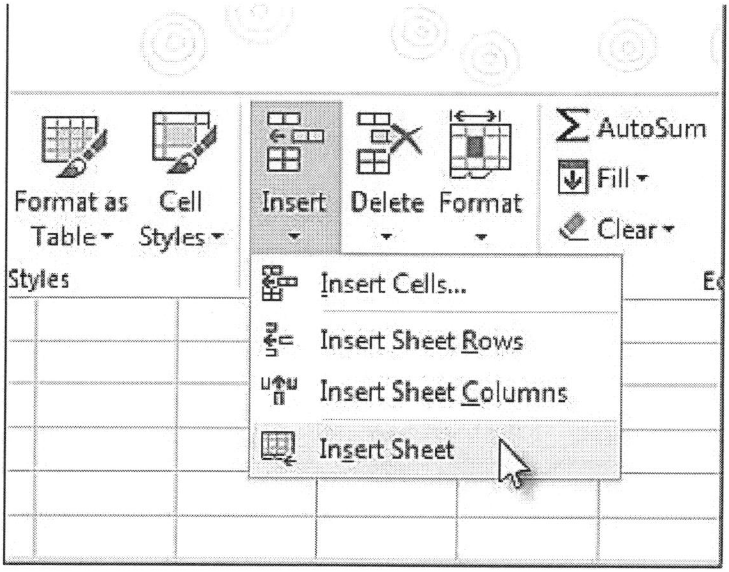

- Puoi anche aggiungere un nuovo foglio di lavoro cliccando sull'icona + in basso.

Capitolo 3: Grafici e tabelle in Excel

Le tabelle sono contenitori per i dati che inserisci in Excel. Informano il programma che i dati all'interno sono collegati. Le tabelle facilitano l'analisi dei dati, permettendo funzionalità come l'ordinamento, il filtraggio e l'inserimento di formule.

Per creare una tabella formattata:

- Assicurati che i tuoi dati siano organizzati in righe e colonne con un'intestazione per ogni colonna.

- Non ci dovrebbero essere righe o colonne vuote nell'elenco dei dati.

Impostare una Tabella

Per creare una tabella con i tuoi dati nel foglio di lavoro, segui questi passi:

Seleziona tutti i dati che vuoi includere nella tabella.

	A	B	C	D	E	F	G	H
1	Inventoryof Plants							
2	As of April 26							
3								
4	Quantity in Stock	Item #	Item Name	Retail Price	Size	Special Feature	Category	Stock Leve
5	95	1123	Macadamia Nut	15.42	24"	Fall Color	Edibles	OK
6	37	1267	Clematis HÖnk	28.95	42"	Fall Color	Container Plants	*Order*
7	58	1843	Fragrant Plum	24.95	10"	Showy	Bonsai	OK
8	78	1852	Banana Cream	13.95	14"	Pollenizer	Specialty	OK
9	93	1862	Minny Pearl	16.95	15"	Showy	Container Plants	OK
10	27	2132	September Raspberry	7.58	12"	Fall Color	Edibles	*Order*
11	78	2157	Elite Gold Pineapple	12.65	16"	Easy Care	Specialty	OK
12	28	2158	Salzia Glue	15.95	12"	Fall Color	Specialty	*Order*
13	24	2176	Strawberry Sweet	6.59	6"	Showy	Container Plants	*Order*
14	26	2201	Dwarf Banana	18.59	24"	Easy Care	Edibles	*Order*
15	56	2202	Top Hat Blueberry	18.95	18"	Easy Care	Edibles	OK
16	24	2202	Magid Hybrid	11.35	14"	Pollenizer	Patio Roses	*Order*
17	49	2219	Sunshine Dream	16.57	24"	Fall Color	Patio Roses	*Order*

Vai al gruppo Tabelle nella scheda Inserisci e clicca su Tabella.

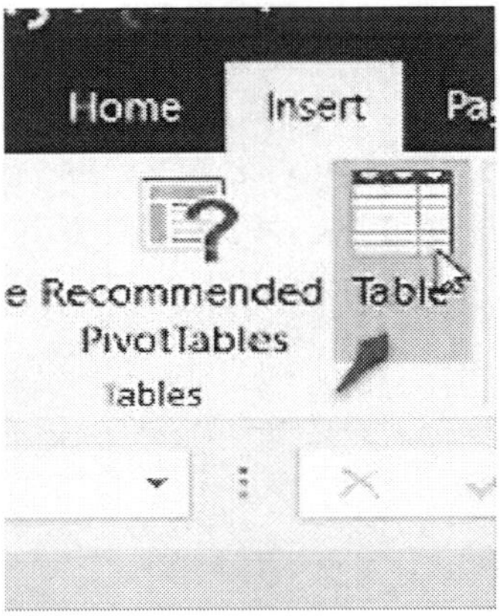

Nella finestra di dialogo Crea Tabella, l'intervallo dei dati selezionati verrà inserito automaticamente. Se necessario, puoi modificarlo.

Assicurati che la casella "La mia tabella ha un'intestazione" sia selezionata, quindi clicca su OK.

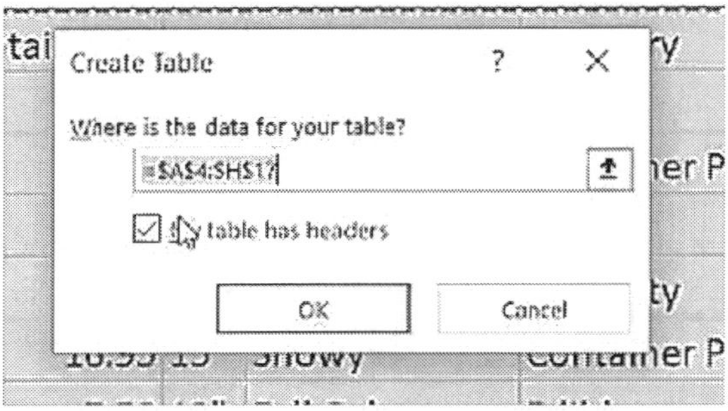

A questo punto, i tuoi dati saranno formattati come una tabella di Excel.

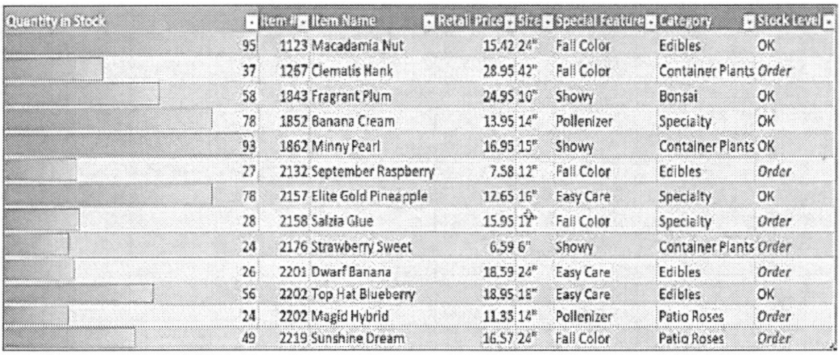

Quantity in Stock	Item #	Item Name	Retail Price	Size	Special Feature	Category	Stock Level
95	1123	Macadamia Nut	15.42	24"	Fall Color	Edibles	OK
37	1267	Clematis Hank	28.95	42"	Fall Color	Container Plants	Order
58	1843	Fragrant Plum	24.95	10"	Showy	Bonsai	OK
78	1852	Banana Cream	13.95	14"	Pollenizer	Specialty	OK
93	1862	Minny Pearl	16.95	15"	Showy	Container Plants	OK
27	2132	September Raspberry	7.58	12"	Fall Color	Edibles	Order
78	2157	Elite Gold Pineapple	12.65	16"	Easy Care	Specialty	OK
28	2158	Salzia Glue	15.95	12"	Fall Color	Specialty	Order
24	2176	Strawberry Sweet	6.59	6"	Showy	Container Plants	Order
26	2201	Dwarf Banana	18.59	24"	Easy Care	Edibles	Order
56	2202	Top Hat Blueberry	18.95	18"	Easy Care	Edibles	OK
24	2202	Magid Hybrid	11.35	14"	Pollenizer	Patio Roses	Order
49	2219	Sunshine Dream	16.57	24"	Fall Color	Patio Roses	Order

Ordinamento delle Tabelle

Per ordinare i dati in una tabella:

- Clicca sulla freccia accanto al nome della colonna che vuoi ordinare.

- Seleziona Ordina da A a Z, poi clicca OK.

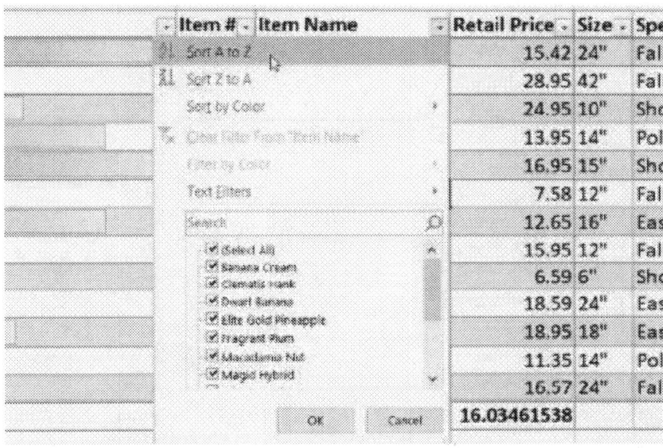

Filtraggio della Tabella

Per filtrare i dati in una tabella:

- Clicca sulla freccia accanto alla colonna che vuoi filtrare.

- Seleziona i valori che vuoi visualizzare, poi clicca OK.

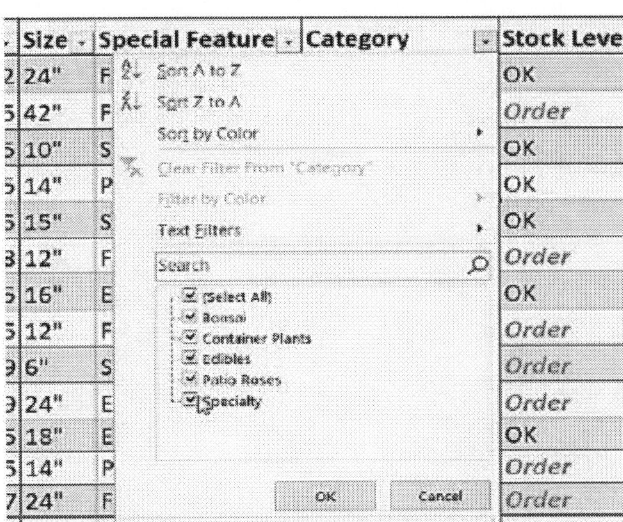

Creazione di Tabelle e Grafici Pivot

La Tabella Pivot è uno strumento potente che ti permette di riassumere, organizzare, analizzare e presentare i tuoi dati in modo chiaro e sintetico.

Tabella Pivot

Per creare una Tabella Pivot:

- Seleziona la cella dalla quale vuoi creare una Tabella Pivot.

- Nella scheda Inserisci, scegli Tabella Pivot.

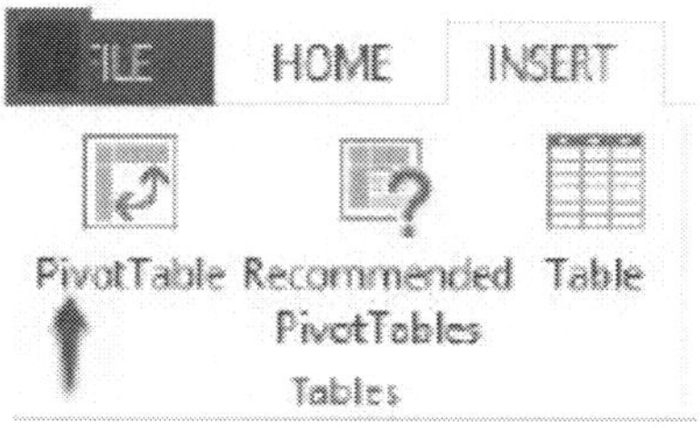

- Nella finestra di dialogo, sotto "Specificare i dati da analizzare", scegli "Tabella o intervallo".

- Sotto "Specificare dove collocare il rapporto della Tabella Pivot", scegli "Nuovo foglio di lavoro" o "Foglio di lavoro esistente", poi clicca su OK.

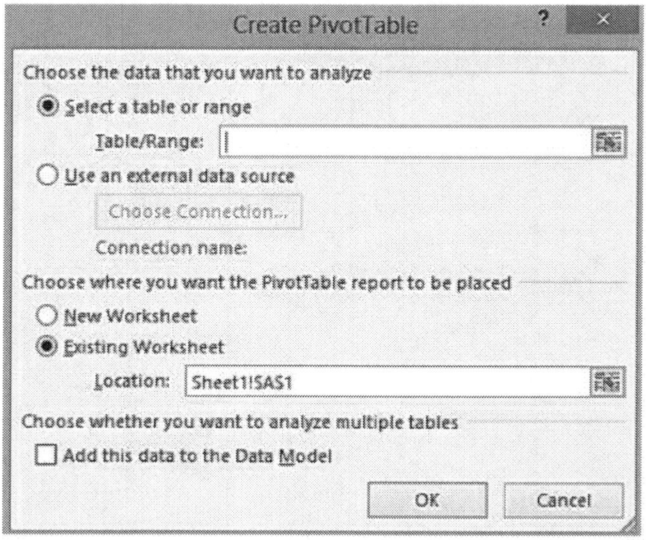

- Nel riquadro Campi Tabella Pivot, seleziona i campi che vuoi includere nella tabella.

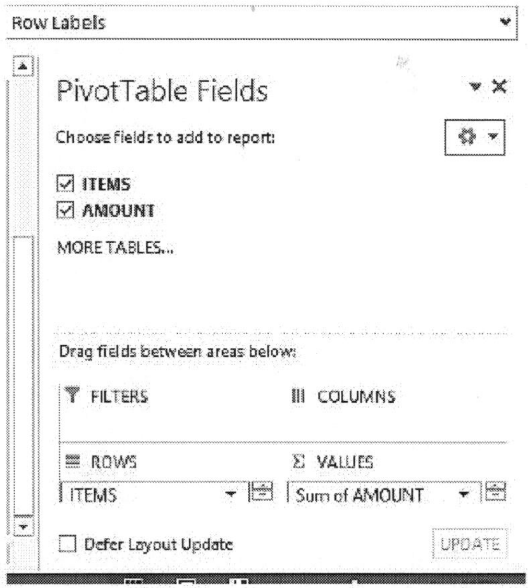

Se vuoi spostare il campo da un posto all'altro, spostalo con il mouse nel punto desiderato.

Se hai seguito questi passaggi, ora dovresti avere una Tabella Pivot basata sui tuoi dati.

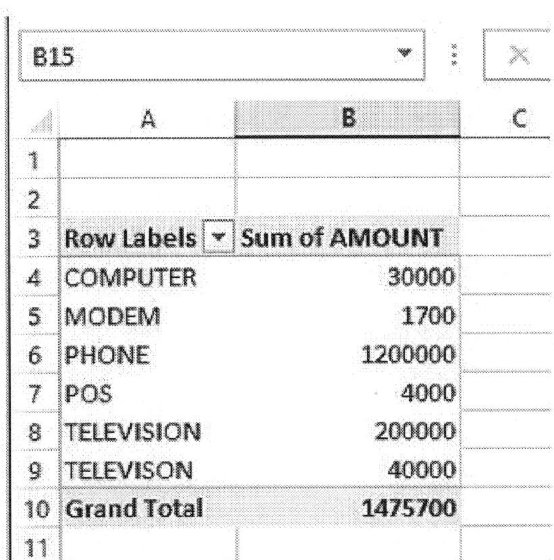

B15

	A	B	C
1			
2			
3	Row Labels	Sum of AMOUNT	
4	COMPUTER	30000	
5	MODEM	1700	
6	PHONE	1200000	
7	POS	4000	
8	TELEVISION	200000	
9	TELEVISON	40000	
10	Grand Total	1475700	
11			

Grafico Pivot

Il Grafico Pivot è una rappresentazione grafica dei dati della Tabella Pivot. Per creare un Grafico Pivot:

- Seleziona una cella nella Tabella Pivot.

- Nella scheda Inserisci, scegli Grafico Pivot.

- Clicca OK per confermare.

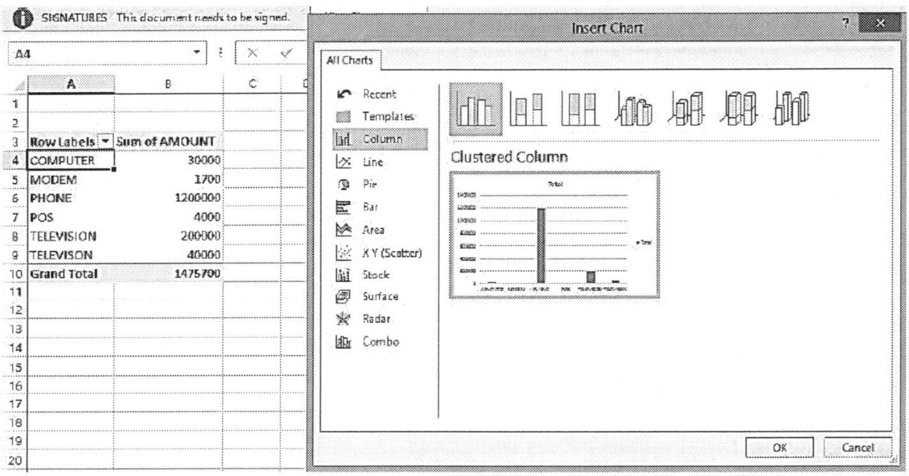

Se hai seguito questi passaggi, ora dovresti avere una Tabella Pivot basati sui tuoi dati.

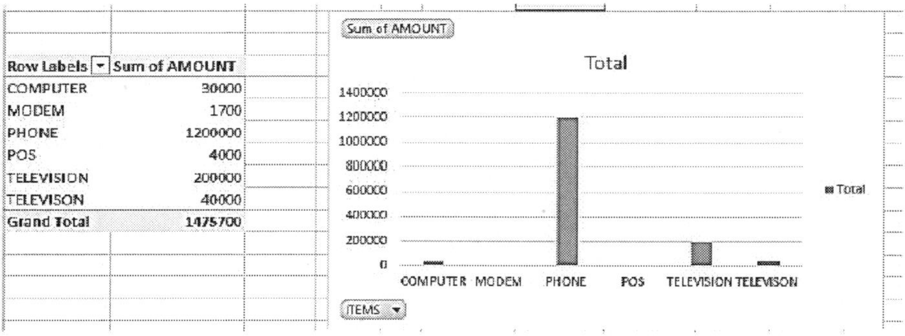

Uso dell'Affettatrice (Slicer) su una Tabella Pivot

L'Affettatrice è uno strumento utilizzato in Excel per filtrare dati in tabelle e tabelle pivot. Ecco come usarlo:

- Seleziona una qualsiasi cella della tabella o della tabella Pivot sulla quale intendi usare l'Affettatrice.

- Vai alla scheda Inserisci e scegli Affettatrice.

- Nella finestra di dialogo Inserisci Affettatrice, seleziona i campi che vuoi includere nell'Affettatrice e clicca su OK.

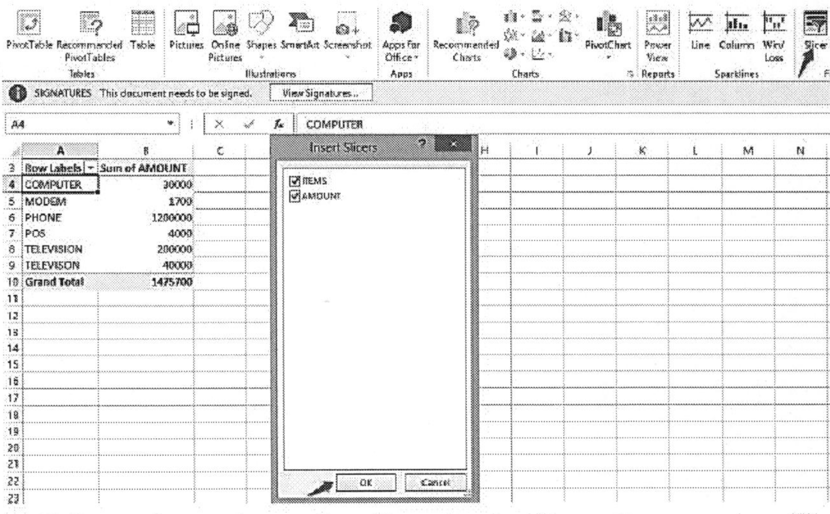

Ora dovresti vedere l'Affettatrice sul tuo foglio di lavoro. Questo può essere utilizzato per filtrare facilmente i dati della tua tabella o Tabella Pivot.

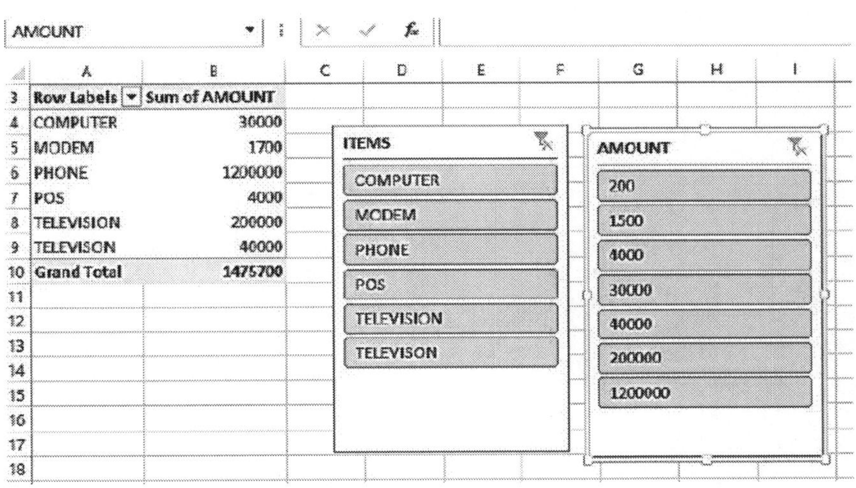

Lavorare con i Grafici

Excel offre diverse opzioni per visualizzare i tuoi dati in forma grafica, rendendo più facile la lettura e l'interpretazione dei dati.

Tipi di Grafici Excel

Ci sono molti tipi di grafici disponibili in Excel, tra cui:

Grafico a Colonne: Questo tipo di grafico contrappone i valori su un asse verticale con le categorie sull'asse orizzontale. È disponibile in diverse forme, come colonne raggruppate, colonne sovrapposte e colonne 3D.

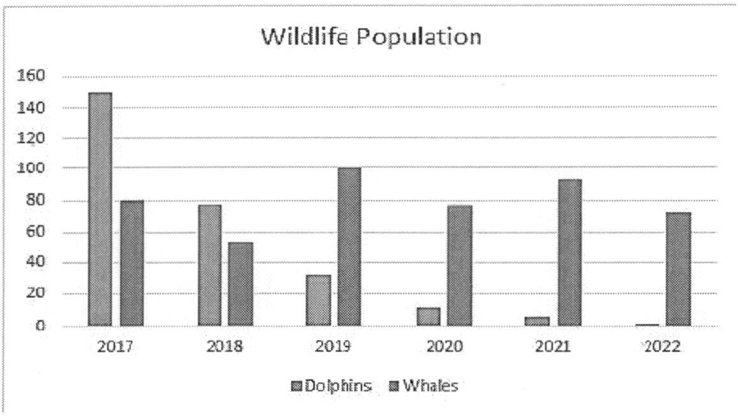

Grafico a Linee: Questo grafico è utile per mostrare tendenze nel tempo. Può rappresentare dati su un periodo di tempo costante, come giorni, mesi, anni, ecc.

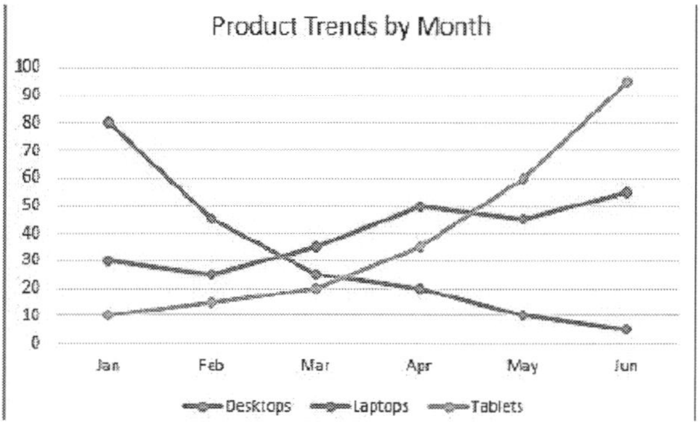

Grafico a Barre: Simile al grafico a colonne, ma le barre sono orizzontali anziché verticali. Questo è utile quando hai etichette lunghe che sarebbero difficili da visualizzare su un asse verticale.

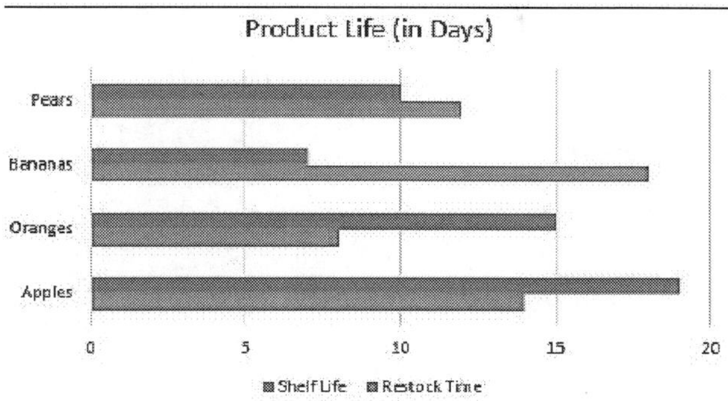

Grafico a Torta: Un grafico a torta è un tipo di grafico circolare che viene utilizzato per visualizzare o rappresentare i dati. Questo tipo di grafico presenta i dati sotto forma di 'fette' di un cerchio, permettendo una facile visualizzazione della proporzione di ogni categoria rispetto al totale.

Grafico a Ciambella: Un grafico a ciambella, simile a un grafico a torta, rappresenta la proporzione di ogni categoria rispetto al totale, con l'intero grafico sommando al 100%. Tuttavia, a differenza del grafico a torta, un grafico a ciambella può mostrare più serie di dati, rendendolo più versatile quando si tratta di confrontare proporzioni tra diverse categorie. Il grafico a ciambella prende il suo nome dalla forma di ciambella che assume, con un 'buco' al centro del grafico.

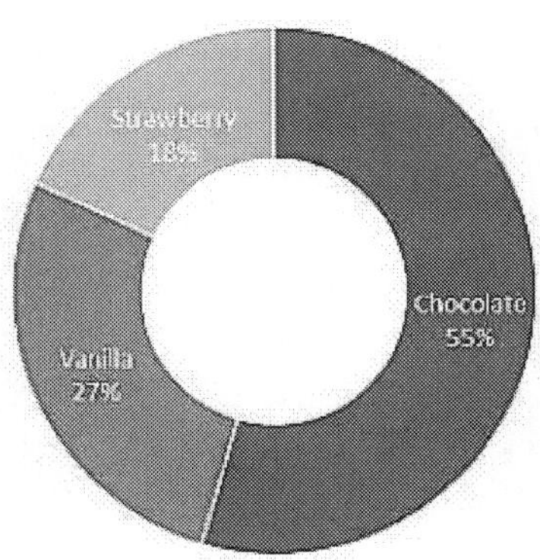

Inserire un Grafico in Excel

Per inserire un grafico in Excel, segui questi passaggi:

- Seleziona i dati che desideri includere nel grafico.

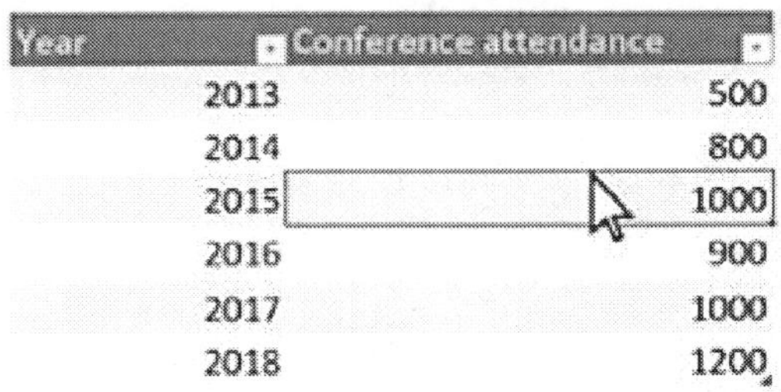

- Vai alla scheda Inserisci e seleziona Grafici Consigliati.

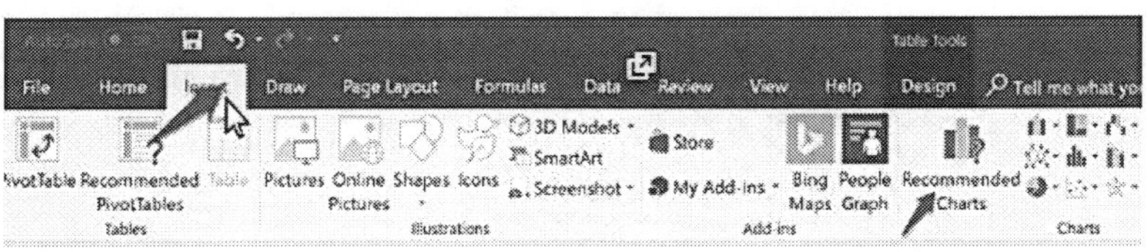

- Nella finestra Grafici Consigliati, scegli il tipo di grafico che preferisci.

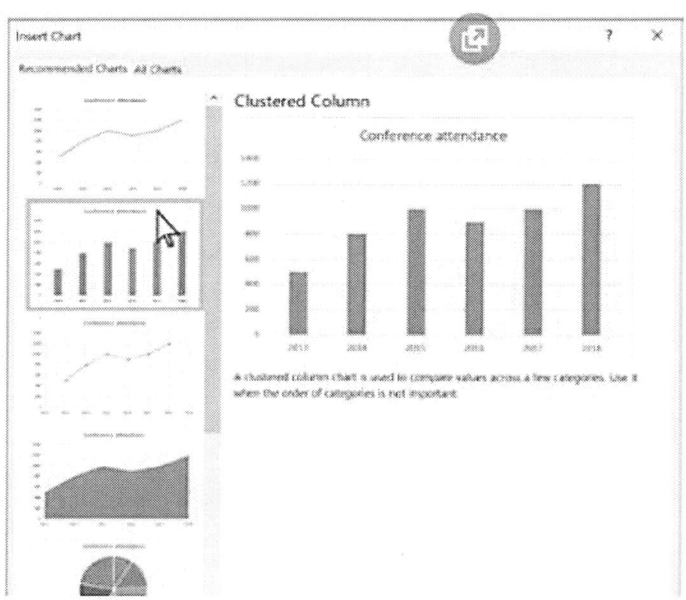

- Seleziona il grafico e clicca su OK.

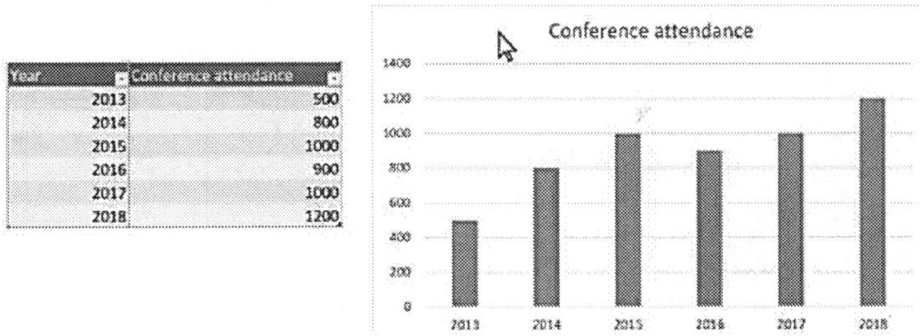

Assegnazione di un Titolo al Grafico

Assegnare un titolo al tuo grafico conferisce un senso di scopo, rendendo chiara la sua finalità a chiunque visualizzi il tuo foglio di lavoro Excel. Per assegnare un titolo al tuo grafico, segui questi passaggi:

- Clicca su qualsiasi parte dell'area del grafico.

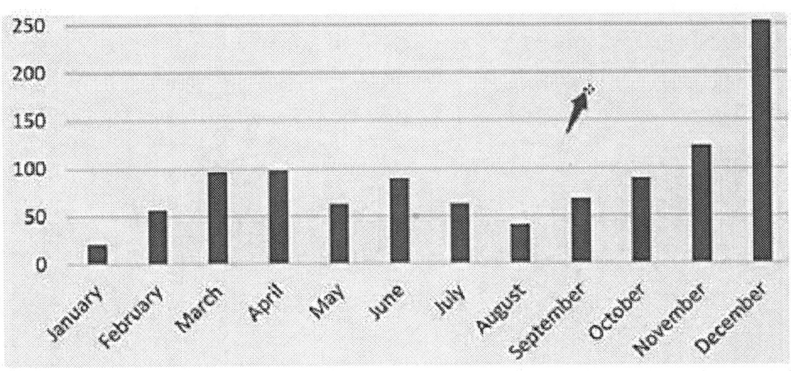

- Seleziona il simbolo + nell'angolo superiore destro della tabella.

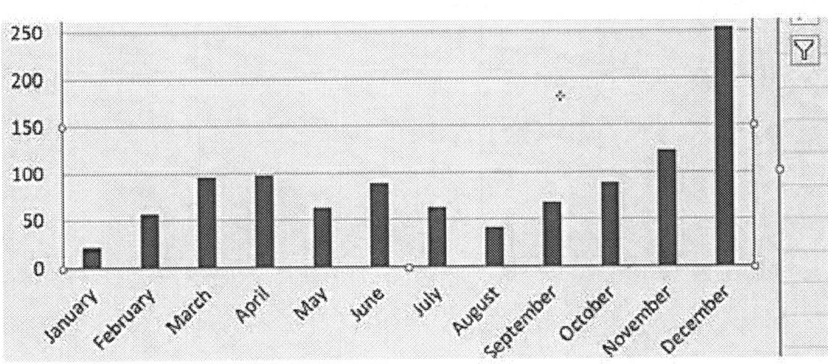

- Dalle opzioni visualizzate, scegli "Titolo del grafico".

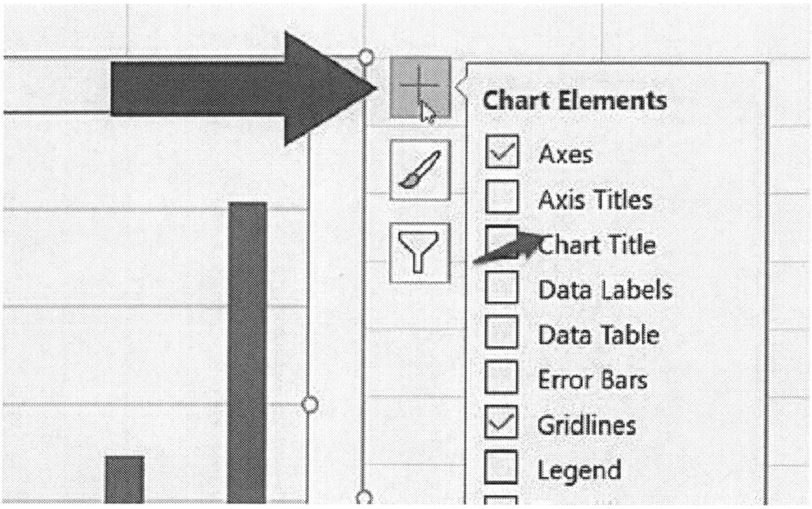

- Per modificare "Titolo del grafico" in un titolo di tua scelta, clicca semplicemente nel campo di testo e inizia a scrivere.

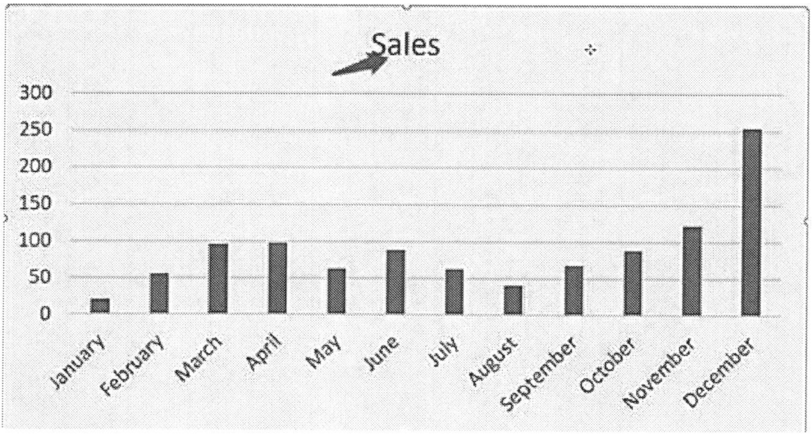

Cambiare il Tipo di Grafico in Excel

Diversi tipi di grafici sono utili per visualizzare vari tipi di dati. Se il grafico che stai utilizzando non è il più adatto per i tuoi dati, potrebbe essere necessario cambiare il tipo di grafico. Segui questi passaggi per farlo:

- Clicca sul grafico che intendi modificare.

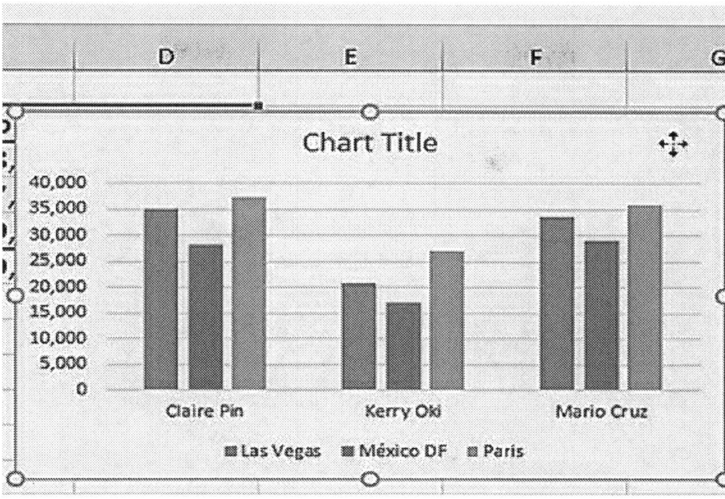

- Vai alla sezione "Struttura Grafico" e seleziona "Cambia Tipo di Grafico".

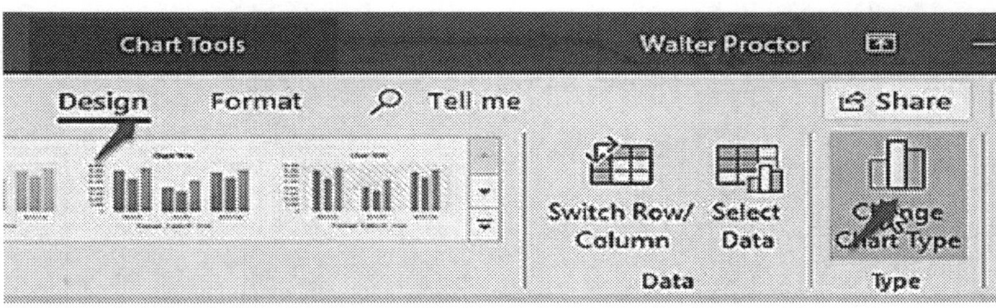

- Dopo aver selezionato "Cambia Tipo di Grafico", apparirà una finestra a discesa; da qui, potrai scegliere tra "Grafici Consigliati" o "Tutti i Grafici".

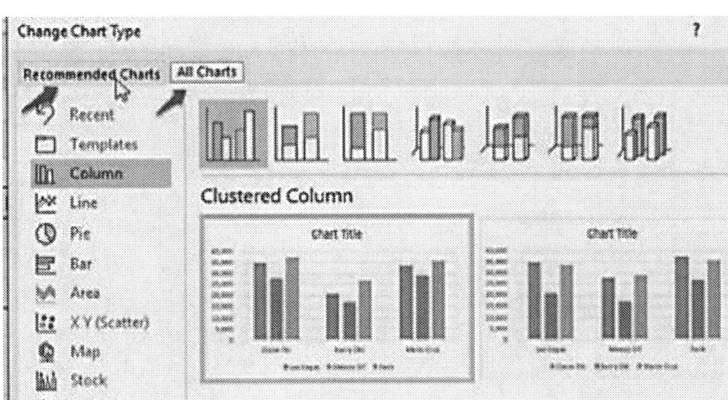

•   Puoi visualizzare un'anteprima di ogni grafico per vedere quale preferisci.

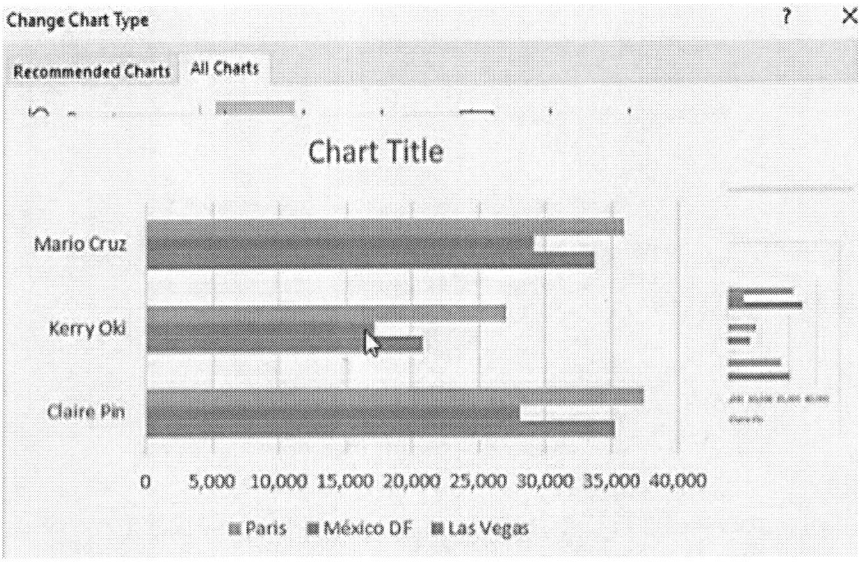

•   Dopo aver cliccato su "Ok", il grafico selezionato apparirà nel tuo foglio di lavoro.

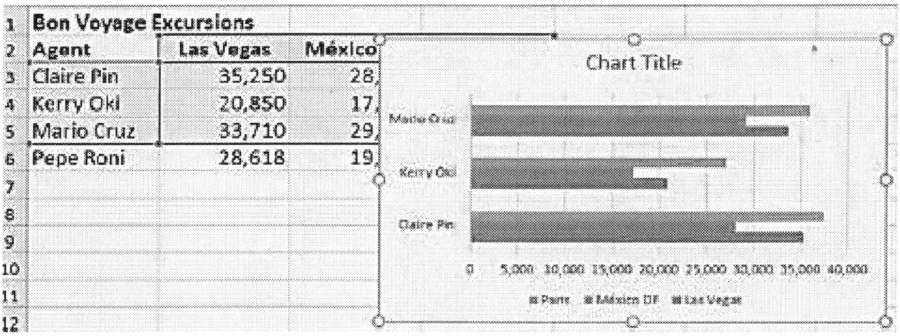

Cambiare lo Stile del Grafico in Excel

Modificare lo stile di un grafico può aiutare a rendere i tuoi dati più comprensibili e visivamente attraenti. Segui questi passaggi per modificare lo stile di un grafico:

•   Clicca sul grafico che desideri modificare.

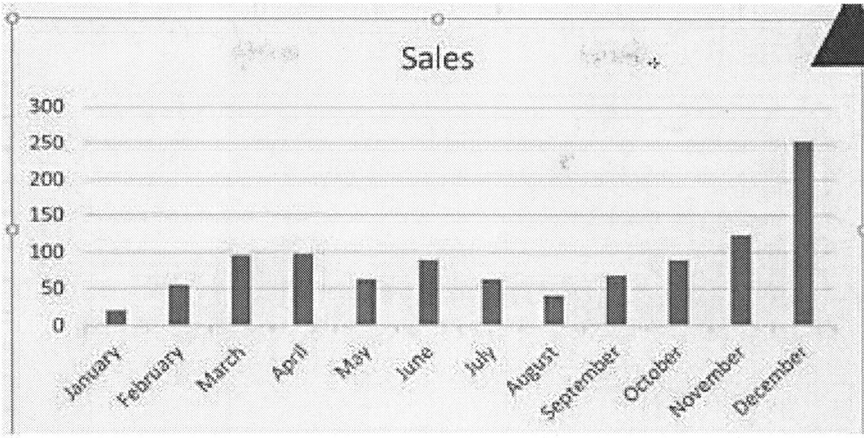

• Vai alla sezione "Struttura Grafico" e seleziona "Cambia Stile Grafico".

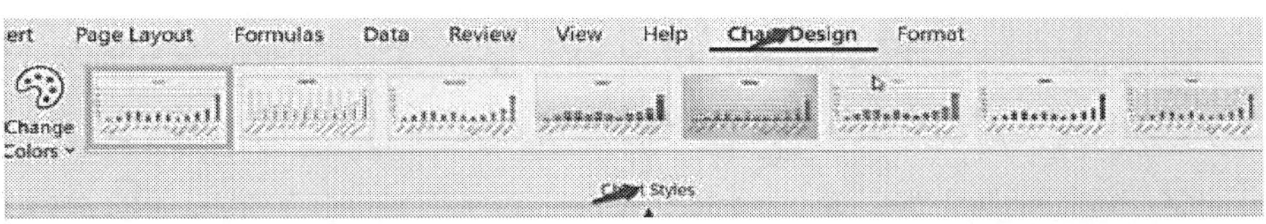

• Lo stile del tuo grafico verrà aggiornato nel tuo foglio di lavoro.

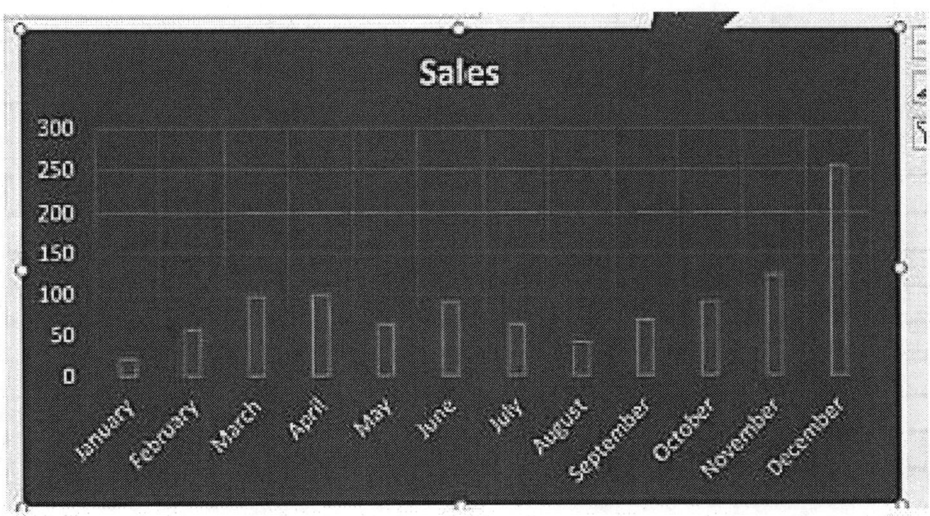

Capitolo 4: Riferimento di cella

Un riferimento di cella è un identificativo alfanumerico utilizzato per localizzare o descrivere una cella in un foglio di lavoro. Un riferimento di cella per la colonna contiene una o più lettere, mentre un riferimento di cella per la riga contiene un numero (ad esempio, A1). Attraverso il riferimento di cella, puoi individuare i dati che desideri che il tuo foglio di calcolo analizzi per te. "Indirizzo della cella" è un altro termine utilizzato per riferirsi al riferimento di cella.

Tipologie di Riferimento di Cella

Per comprendere appieno il concetto di riferimento di cella, è importante familiarizzare con le diverse forme di riferimento di cella. Perciò, esamineremo i tre tipi principali di riferimenti di cella e vedremo come utilizzarli:

Riferimenti Relativi

Di default, tutti i riferimenti alle celle sono riferimenti relativi. Quando copi diverse celle, le loro posizioni relative nelle righe e nelle colonne cambiano. Ad esempio, se moltiplichi B4*C4 nella cella D4 e copi la formula nella cella D5, la formula diventa B5*C5.

Segui i passaggi sottostanti per creare e copiare una formula che usa riferimenti relativi:

- Seleziona la cella della formula (D4) e digita la formula desiderata (B4*C4).

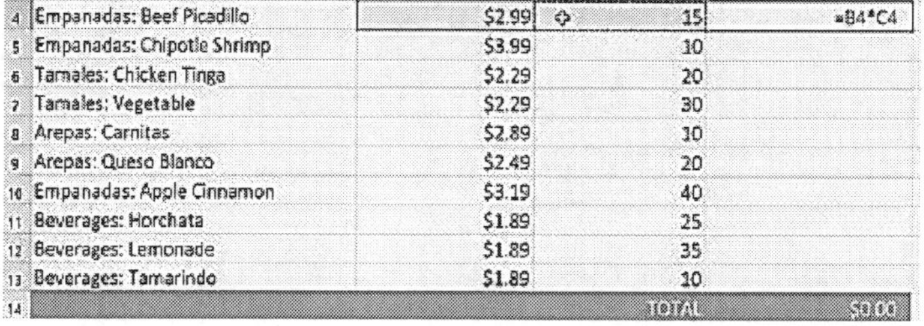

	MENU ITEM	UNIT PRICE	QUANTITY	LINE TOTAL
4	Empanadas: Beef Picadillo	$2.99	15	=B4*C4
5	Empanadas: Chipotle Shrimp	$3.99	10	
6	Tamales: Chicken Tinga	$2.29	20	
7	Tamales: Vegetable	$2.29	30	
8	Arepas: Carnitas	$2.89	10	
9	Arepas: Queso Blanco	$2.49	20	
10	Empanadas: Apple Cinnamon	$3.19	40	
11	Beverages: Horchata	$1.89	25	
12	Beverages: Lemonade	$1.89	35	
13	Beverages: Tamarindo	$1.89	10	
14			TOTAL	$0.00

• Premi Invio: la formula verrà calcolata e il risultato apparirà nella cella.

2				
3	MENU ITEM	UNIT PRICE	QUANTITY	LINE TOTAL
4	Empanadas: Beef Picadillo	$2.99	15	$44.85
5	Empanadas: Chipotle Shrimp	$3.99	10	
6	Tamales: Chicken Tinga	$2.29	20	
7	Tamales: Vegetable	$2.29	30	
8	Arepas: Carnitas	$2.89	10	
9	Arepas: Queso Blanco	$2.49	20	
10	Empanadas: Apple Cinnamon	$3.19	40	
11	Beverages: Horchata	$1.89	25	
12	Beverages: Lemonade	$1.89	35	
13	Beverages: Tamarindo	$1.89	10	
14			TOTAL	$44.85

• Clicca, tieni premuto e trascina in basso fino alla cella D13 utilizzando la maniglia di riempimento situata nella parte inferiore della cella D4.

2				
3	MENU ITEM	UNIT PRICE	QUANTITY	LINE TOTAL
4	Empanadas: Beef Picadillo	$2.99	15	$44.85
5	Empanadas: Chipotle Shrimp	$3.99	10	
6	Tamales: Chicken Tinga	$2.29	20	
7	Tamales: Vegetable	$2.29	30	
8	Arepas: Carnitas	$2.89	10	
9	Arepas: Queso Blanco	$2.49	20	
10	Empanadas: Apple Cinnamon	$3.19	40	
11	Beverages: Horchata	$1.89	25	
12	Beverages: Lemonade	$1.89	35	
13	Beverages: Tamarindo	$1.89	10	
14			TOTAL	$44.85

• Quando rilasci il mouse, la formula viene applicata alle celle selezionate e i valori corrispondenti vengono calcolati in ciascuna di esse.

3	MENU ITEM	UNIT PRICE	QUANTITY	SALES TAX	LINE TOTAL
4	Empanadas: Beef Picadillo	$2.99	15		$44.85
5	Empanadas: Chipotle Shrimp	$3.99	10		$39.90
6	Tamales: Chicken Tinga	$2.29	20		$45.80
7	Tamales: Vegetable	$2.29	30		$68.70
8	Arepas: Carnitas	$2.89	10		$28.90
9	Arepas: Queso Blanco	$2.49	20		$49.80
10	Empanadas: Apple Cinnamon	$3.19	40		$127.60
11	Beverages: Horchata	$1.89	25		$47.25
12	Beverages: Lemonade	$1.89	35		$66.15
13	Beverages: Tamarindo	$1.89	10		$18.90
14				TOTAL	$537.85

Riferimenti Assoluti e Misti

Un riferimento assoluto è un riferimento di cella che mantiene costante la riga e la colonna quando la formula viene copiata in un'altra cella nel foglio di lavoro, utilizzando il simbolo del dollaro ($) sia per la riga che per la colonna.

Un riferimento misto è un riferimento di cella che utilizza il simbolo del dollaro per mantenere costante la colonna o la riga. Questo tipo di riferimento è molto comune nella maggior parte delle situazioni.

Per esempio:

- $A$3: quando copi in una colonna o una riga, non cambia.
- A$2: quando copi in una riga, non cambia.
- $A2: quando copi in una colonna, non cambia.

Nell'esempio seguente, useremo un'aliquota di imposta sulle vendite del 7,5% nella cella E1 per calcolare l'imposta sulle vendite per tutti i valori nella colonna D. In questa situazione, per mantenere invariato il riferimento quando la formula viene copiata, sarà necessario utilizzare un riferimento assoluto a $E$1.

Se la formula viene copiata e incollata in altre celle nella colonna D senza utilizzare un riferimento assoluto, otterremmo un risultato errato, come illustrato nell'immagine sottostante. La corretta gestione dei riferimenti di cella è fondamentale per garantire l'accuratezza dei tuoi calcoli nel foglio di lavoro Excel.

2				TAX RATE:	7.5%
3	MENU ITEM	UNIT PRICE	QUANTITY	SALES TAX	LINE TOTAL
4	Empanadas: Beef Picadillo	$2.99	15	=(B4*C4)*E2	$48.21
5	Empanadas: Chipotle Shrimp	$3.99	10	#VALUE!	#VALUE!
6	Tamales: Chicken Tinga	$2.29	20	$2,208.19	$2,253.99
7	Tamales: Vegetable	$2.29	30	#VALUE!	#VALUE!
8	Arepas: Carnitas	$2.89	10	$65,140.30	$65,169.20
9	Arepas: Queso Blanco	$2.49	20	#VALUE!	#VALUE!
10	Empanadas: Apple Cinnamon	$3.19	40	$8,315,590.40	$8,315,718.00
11	Beverages: Horchata	$1.89	25	#VALUE!	#VALUE!
12	Beverages: Lemonade	$1.89	35	#############	#############
13	Beverages: Tamarindo	$1.89	10	#VALUE!	#VALUE!
14				TOTAL	#VALUE!

Prendi i Seguenti Passaggi per Prevenire Errori di Riferimento:

- Seleziona la cella in cui vuoi inserire la formula (D4) e digita la formula desiderata (B4*C4)*$E$1.

			TAX RATE:	7.5%
MENU ITEM	UNIT PRICE	QUANTITY	SALES TAX	LINE TOTAL
Empanadas: Beef Picadillo	$2.99	15	=(B4*C4)*$E$2	$48.21
Empanadas: Chipotle Shrimp	$3.99	10	#VALUE!	#VALUE!
Tamales: Chicken Tinga	$2.29	20	$2,208.19	$2,253.99
Tamales: Vegetable	$2.29	30	#VALUE!	#VALUE!
Arepas: Carnitas	$2.89	10	$65,140.30	$65,169.20
Arepas: Queso Blanco	$2.49	20	#VALUE!	#VALUE!
Empanadas: Apple Cinnamon	$3.19	40	$8,315,590.40	$8,315,718.00
Beverages: Horchata	$1.89	25	#VALUE!	#VALUE!
Beverages: Lemonade	$1.89	35	##############	#############
Beverages: Tamarindo	$1.89	10	#VALUE!	#VALUE!
			TOTAL	#VALUE!

- Dopo aver premuto Invio, la formula viene calcolata e il risultato viene visualizzato nella cella.

2				TAX RATE:	7.5%
3	MENU ITEM	UNIT PRICE	QUANTITY	SALES TAX	LINE TOTAL
4	Empanadas: Beef Picadillo	$2.99	15	$3.36	$48.21
5	Empanadas: Chipotle Shrimp	$3.99	10	#VALUE!	#VALUE!
6	Tamales: Chicken Tinga	$2.29	20	$2,208.19	$2,253.99
7	Tamales: Vegetable	$2.29	30	#VALUE!	#VALUE!
8	Arepas: Carnitas	$2.89	10	$65,140.30	$65,169.20
9	Arepas: Queso Blanco	$2.49	20	#VALUE!	#VALUE!
10	Empanadas: Apple Cinnamon	$3.19	40	$8,315,590.40	$8,315,718.00
11	Beverages: Horchata	$1.89	25	#VALUE!	#VALUE!
12	Beverages: Lemonade	$1.89	35	##############	#############
13	Beverages: Tamarindo	$1.89	10	#VALUE!	#VALUE!
14				TOTAL	#VALUE!

- Clicca, tieni premuto e trascina verso il basso fino alla cella D13 usando la maniglia di riempimento situata nella parte inferiore della cella D4.

2				TAX RATE:	7.5%
3	MENU ITEM	UNIT PRICE	QUANTITY	SALES TAX	LINE TOTAL
4	Empanadas: Beef Picadillo	$2.99	15	$3.36	$48.21
5	Empanadas: Chipotle Shrimp	$3.99	10	#VALUE!	#VALUE!
6	Tamales: Chicken Tinga	$2.29	20	$2,208.19	$2,253.99
7	Tamales: Vegetable	$2.29	30	#VALUE!	#VALUE!
8	Arepas: Carnitas	$2.89	10	$65,140.30	$65,169.20
9	Arepas: Queso Blanco	$2.49	20	#VALUE!	#VALUE!
10	Empanadas: Apple Cinnamon	$3.19	40	$8,315,590.40	$8,315,718.00
11	Beverages: Horchata	$1.89	25	#VALUE!	#VALUE!
12	Beverages: Lemonade	$1.89	35	##############	#############
13	Beverages: Tamarindo	$1.89	10	#VALUE!	#VALUE!
14				TOTAL	#VALUE!

- Quando rilasci il mouse, la formula viene applicata alle celle selezionate e i valori in ciascuna di esse vengono calcolati.

2				TAX RATE:	7.5%
3	MENU ITEM	UNIT PRICE	QUANTITY	SALES TAX	LINE TOTAL
4	Empanadas: Beef Picadillo	$2.99	15	$3.36	$48.21
5	Empanadas: Chipotle Shrimp	$3.99	10	$2.99	$42.89
6	Tamales: Chicken Tinga	$2.29	20	$3.44	$49.24
7	Tamales: Vegetable	$2.29	30	$5.15	$73.85
8	Arepas: Carnitas	$2.89	10	$2.17	$31.07
9	Arepas: Queso Blanco	$2.49	20	$3.74	$53.54
10	Empanadas: Apple Cinnamon	$3.19	40	$9.57	$137.17
11	Beverages: Horchata	$1.89	25	$3.54	$50.79
12	Beverages: Lemonade	$1.89	35	$4.96	$71.11
13	Beverages: Tamarindo	$1.89	10	$1.42	$20.32
14				TOTAL	$578.19

Riferimenti a Celle in Altri Fogli di Lavoro

Se stai utilizzando la stessa formula su diversi fogli di lavoro, non è necessario riscrivere o ricopiare la formula. Per fare ciò:

- Prendi nota del nome del foglio di lavoro e della cella a cui vuoi fare riferimento (ad esempio, 'Menu Order'!E14).

- Vai al foglio di lavoro in cui vuoi utilizzare la formula (ad esempio, 'Fattura catering').

3	MENU ITEM	UNIT PRICE	QUANTITY	SALES TAX	LINE TOTAL
4	Empanadas: Beef Picadillo	$2.99	15	$3.36	$48.21
5	Empanadas: Chipotle Shrimp	$3.99	10	$2.99	$42.89
6	Tamales: Chicken Tinga	$2.29	20	$3.44	$49.24
7	Tamales: Vegetable	$2.29	30	$5.15	$73.85
8	Arepas: Carnitas	$2.89	10	$2.17	$31.07
9	Arepas: Queso Blanco	$2.49	20	$3.74	$53.54
10	Empanadas: Apple Cinnamon	$3.19	40	$9.57	$137.17
11	Beverages: Horchata	$1.89	25	$3.54	$50.79
12	Beverages: Lemonade	$1.89	35	$4.96	$71.11
13	Beverages: Tamarindo	$1.89	10	$1.42	$20.32
14				TOTAL	$578.19
15					

Catering Invoice | Menu Order

- Seleziona la cella in cui desideri visualizzare il risultato (C4), digita il segno di uguale (=), il nome del foglio, il punto esclamativo (!) e l'indirizzo della cella ('Menu Order'!E14).

MENU ITEM	UNIT PRICE	LINE TOTAL
Menu Order	Food & beverage	='Menu Order'!E14
Paper Goods	Plates, utensils, cups	$110.87
Rental Equipment	Tables, chairs, linens	$249.95
Service Fee	18% of food & beverage	$0.00
	TOTAL	$360.82

- Dopo aver premuto Invio, il valore della cella di riferimento viene riflettuto nel foglio di lavoro corrente. Se ci sono modifiche nel foglio 'Menu Order', queste verranno automaticamente riflettute nel foglio 'Fattura catering'.

MENU ITEM	UNIT PRICE	LINE TOTAL
Menu Order	Food & beverage	$578.19
Paper Goods	Plates, utensils, cups	$110.87
Rental Equipment	Tables, chairs, linens	$249.95
Service Fee	18% of food & beverage	$104.07
	TOTAL	$1,043.08

Riferimento a un Foglio di Lavoro in un'Altra Cartella di Lavoro

Puoi anche fare riferimento a un foglio di lavoro in un'altra cartella di lavoro. Per esempio, se desideri calcolare la differenza tra le spese di due mesi in diverse cartelle di lavoro, segui questi passaggi:

- Apri la cartella di lavoro del mese corrente (ad esempio, 'Overview'). Seleziona la cella che conterrà la formula (C8) e inizia a digitare =C6-.

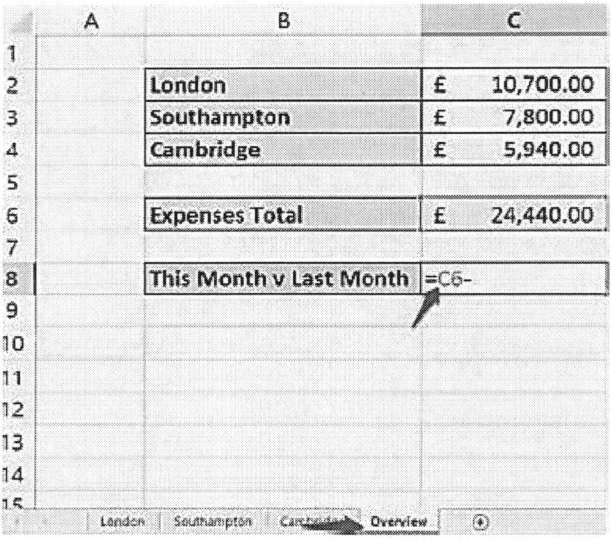

- Espandi la selezione per includere l'altra cartella di lavoro. Clicca su "Cambia finestra" e scegli la cartella di lavoro desiderata (ad esempio, 'last month expenses').

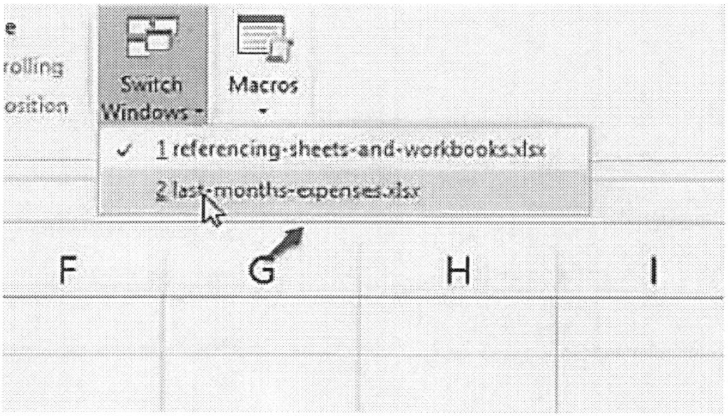

- Clicca sulla cella C6 nel secondo foglio di lavoro e premi Invio.

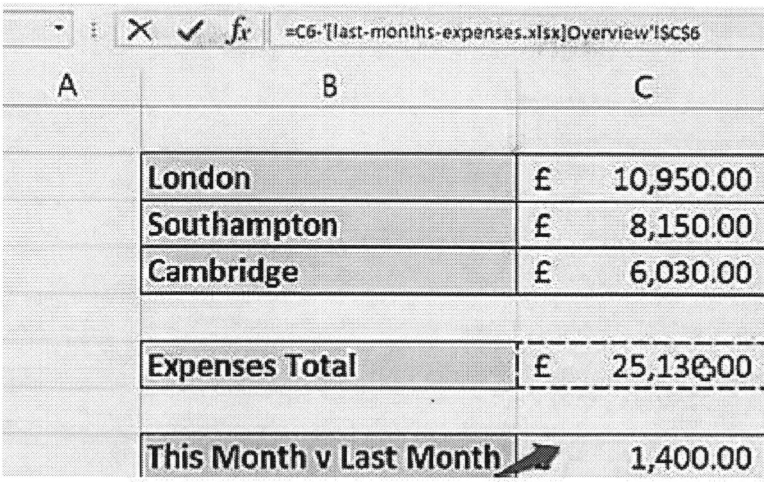

=C6-'[last-months-expenses.xlsx]Overview'!$C$6

A	B	C
	London	£ 10,950.00
	Southampton	£ 8,150.00
	Cambridge	£ 6,030.00
	Expenses Total	£ 25,130.00
	This Month v Last Month	1,400.00

- In questo modo, il valore della cella di riferimento verrà replicato e aggiornato in entrambi i fogli di lavoro se ci sono cambiamenti.

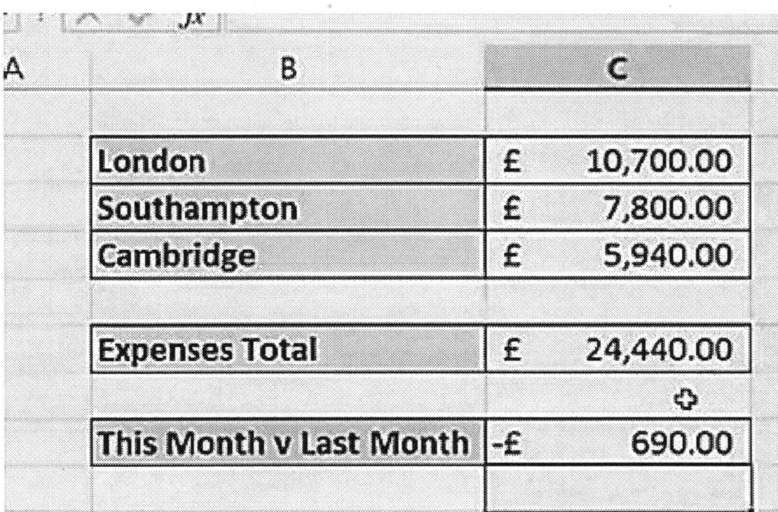

A	B	C
	London	£ 10,700.00
	Southampton	£ 7,800.00
	Cambridge	£ 5,940.00
	Expenses Total	£ 24,440.00
	This Month v Last Month	-£ 690.00

Capitolo 5: Introduzione alle Formule e alle Funzioni

Le formule in Excel sono espressioni alfanumeriche che eseguono specifiche operazioni su una cella o un insieme di celle, in base ai valori presenti in altre celle o range di celle. Ad esempio, la formula =SOMMA(A1:A2) somma i valori presenti nelle celle A1 e A2, mentre =MEDIA(A1:A5) calcola la media dei valori contenuti nelle celle da A1 a A5. Per eseguire calcoli, Excel utilizza gli operatori standard: il segno più (+) per l'addizione, il segno meno (-) per la sottrazione, l'asterisco (*) per la moltiplicazione, il simbolo slash (/) per la divisione e la potenza (^).

Inserimento di una Formula

La creazione di una formula richiede la conoscenza dei riferimenti di cella. Un riferimento di cella indica l'indirizzo della cella usato nella formula. Utilizzerai il riferimento di cella per verificare l'accuratezza delle formule e modificare il valore del riferimento di cella senza cambiare la formula. Nell'esempio seguente, i riferimenti di cella sono A1 e A2.

=A1+A2	*Somma le celle A1 e A2*
=C4-3	*Sottrae 3 da C4*
=E7/J4	*Divide la cella E7 da J4*
=N10*1.05	*Moltiplica la cella N10 per 1.05*
=R5^2	*Eleva al quadrato la cella R5*

Per creare una formula in Excel, segui i seguenti passaggi:

- Seleziona la cella in cui vuoi inserire la formula.

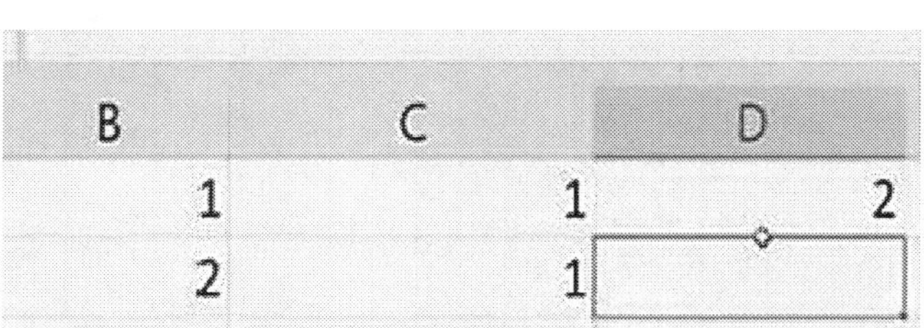

- Inizia a scrivere la formula iniziando con il simbolo di uguaglianza (=), seguito dall'indirizzo della prima cella, l'operatore matematico che intendi usare, e infine l'indirizzo della seconda cella.

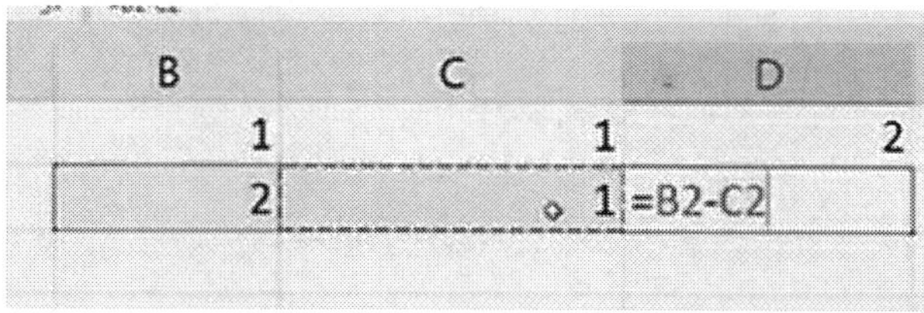

- Quando premi Invio, la formula viene calcolata utilizzando i valori nelle celle di riferimento.

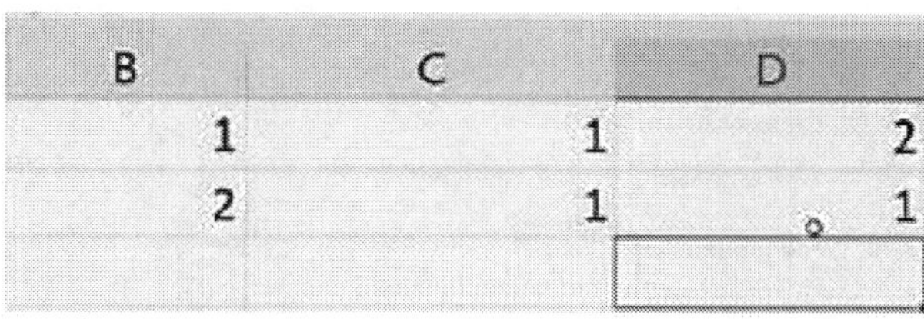

Se desideri modificare una formula in una cella, ecco cosa devi fare:

- Seleziona la cella che contiene la formula che vuoi modificare.

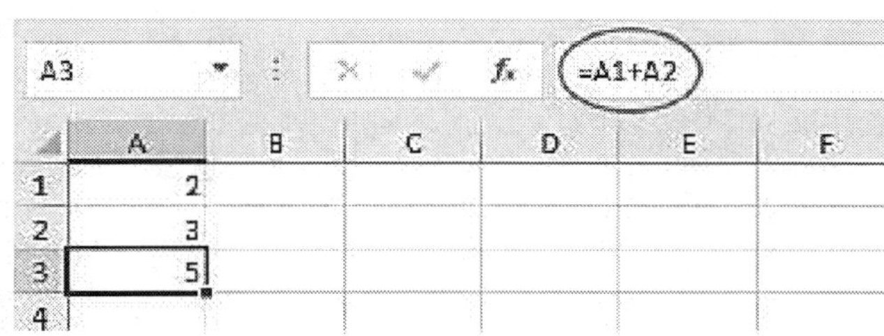

- Fai clic sulla barra delle formule per apportare le modifiche; apparirà un contorno attorno alle celle di riferimento.

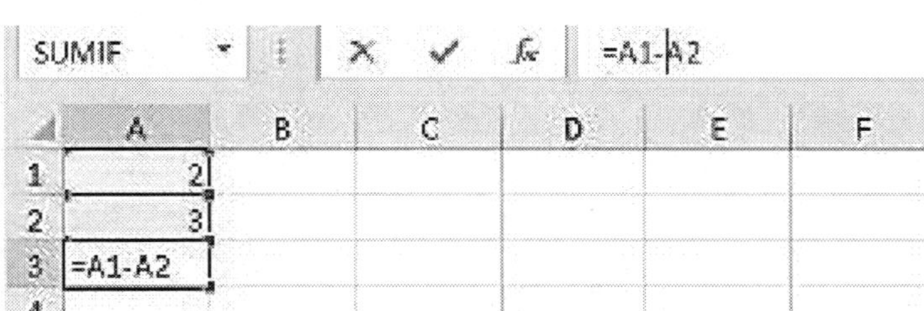

- Infine, premi Invio per confermare le modifiche apportate alla formula.

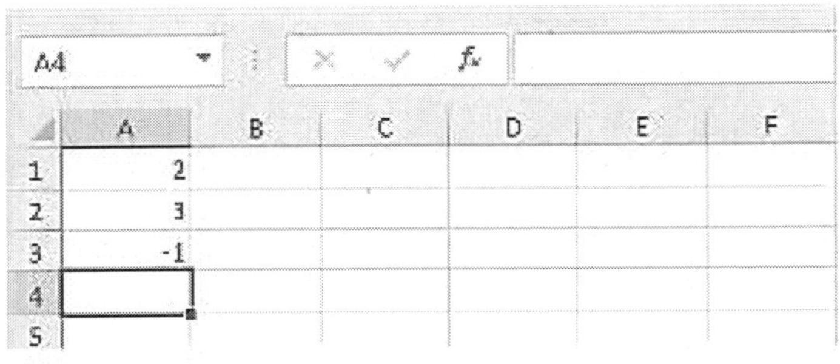

Cosa sono le Funzioni?

Le funzioni sono formule pre-programmate che semplificano il calcolo di operazioni comuni in campi come matematica, statistica, gestione del tempo, calcoli finanziari, scienza e così via. Come una formula, anche una funzione inizia con il simbolo di uguaglianza (=), seguito dal nome della funzione.

Per utilizzare una funzione, è importante capire cosa sia un argomento. Un argomento fornisce le informazioni che la funzione calcolerà; può trattarsi di indirizzi di celle, che sono inclusi tra parentesi dopo il nome della funzione. Esempi di funzioni includono:

CONTA.NUMERI, SE, ANNULLA.SPAZI, MAX, MIN, SOMMA, MEDIA, CONTA.VALORI e molte altre.

BONUS

Inquadra il QR CODE qui sotto per accedere a tutte le Funzioni con relativa traduzione in Italiano e Descrizione

Inserimento di Funzioni nel Foglio di Calcolo

Excel offre un'ampia gamma di funzioni pronte all'uso per facilitare diversi tipi di calcoli. Per inserire una funzione nel tuo foglio di calcolo Excel, procedi come segue:

- Clicca sulla cella in cui vuoi inserire la funzione.

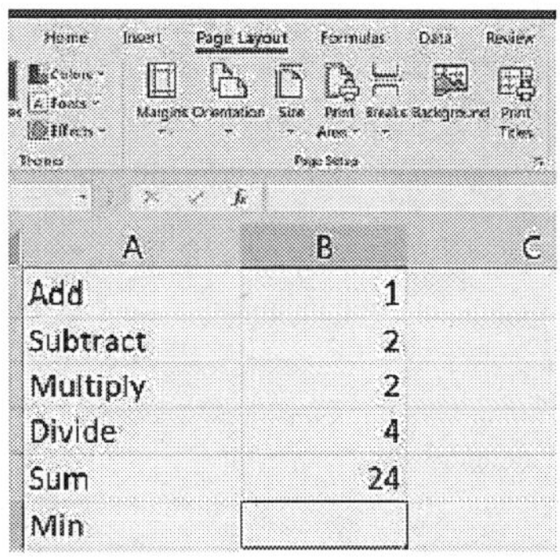

- Digita il simbolo di uguaglianza (=) seguito dal nome della funzione.

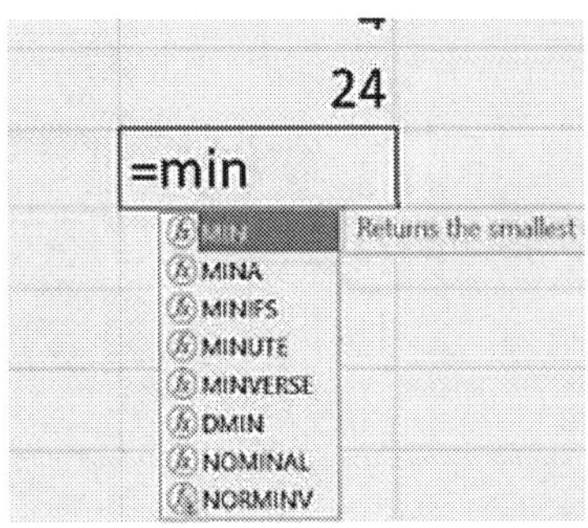

- Apri una parentesi e seleziona le celle su cui vuoi operare, poi premi Invio. Il risultato della funzione apparirà nella cella selezionata.

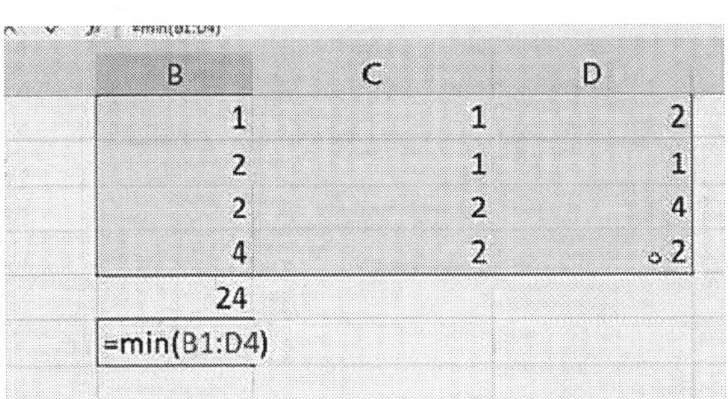

In alternativa, puoi utilizzare il comando Funzione per inserire una funzione, seguendo questi passaggi:

- Seleziona la cella e clicca sul pulsante Inserisci funzione che si trova sopra il foglio di calcolo.

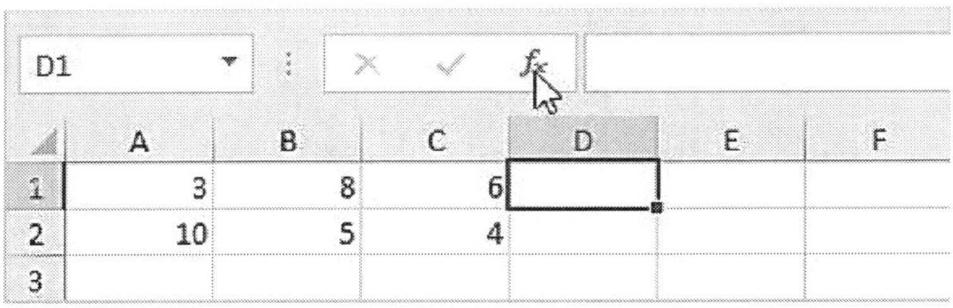

- Seleziona una delle funzioni proposte nel menù che appare, poi premi OK.

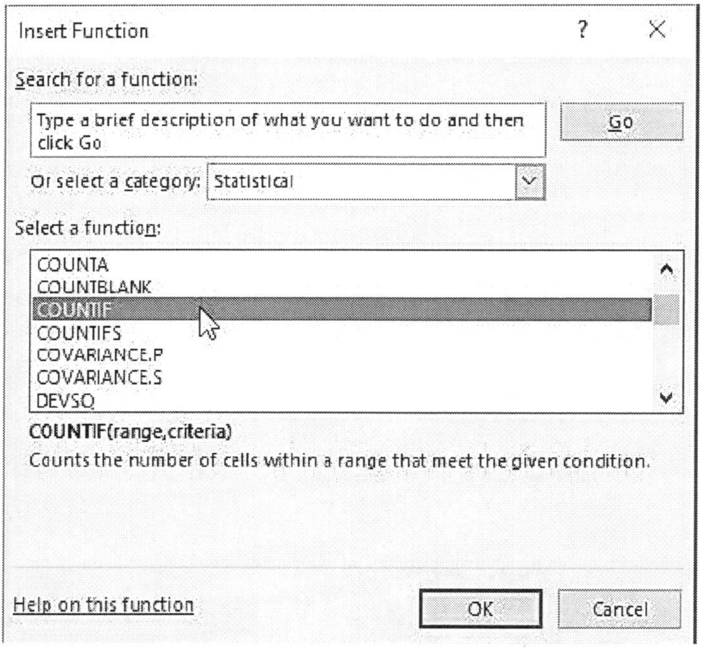

- Apparirà la finestra di dialogo Argomenti funzione.

- Nella casella Range, seleziona l'intervallo di celle da utilizzare; nella casella Criteria, inserisci i criteri di calcolo.

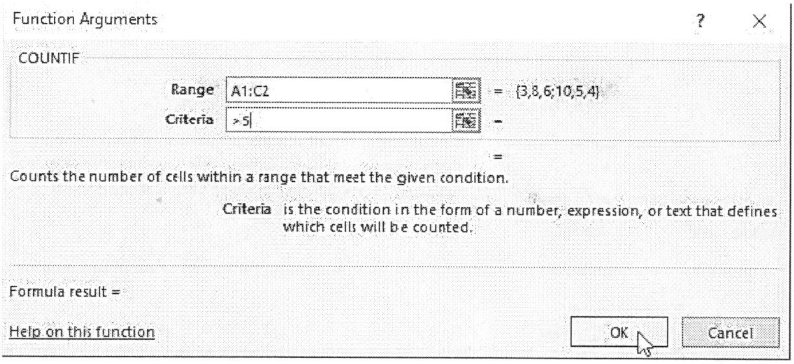

- Clicca su OK per confermare.

Navigazione nella Scheda Formule

La scheda Formule si trova nella barra multifunzione di Excel, nella parte superiore dell'interfaccia del programma. Da qui puoi aggiungere funzioni, creare range nominati, controllare le formule e molto altro. La scheda Formule è suddivisa in quattro sezioni: Nomi definiti, Verifica formule, Libreria funzioni, Calcolo.

Libreria Funzioni:

In questa sezione, Excel mette a disposizione ben 461 funzioni suddivise in diverse categorie, tra cui Testo, Matematica, Logica, Finanziaria, Statistica e Trigonometria.

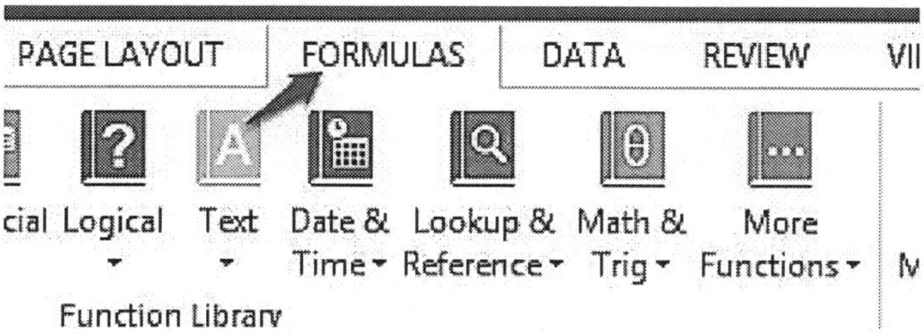

Nomi Definiti:

Questa funzione permette di assegnare un nome specifico a una cella o a un range di celle, facilitandone il riferimento in altre formule.

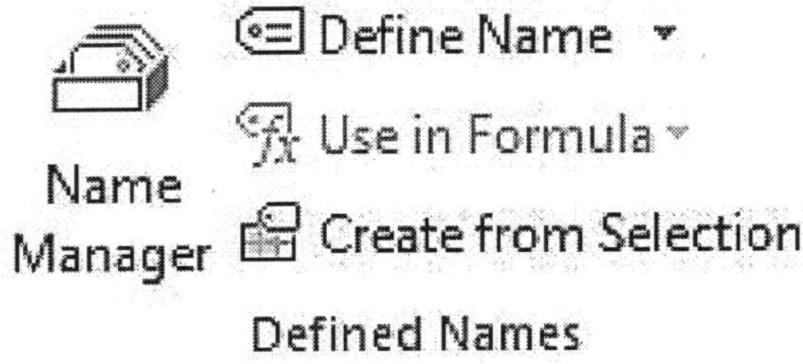

Funzione Verifica Formula

La funzione "Verifica Formula" in Excel offre diverse opzioni per controllare e correggere le formule nel tuo foglio di lavoro. Ecco alcune delle sue caratteristiche principali:

• Valuta Formula: Permette di analizzare la formula passo dopo passo per capire come viene calcolata.

• Finestra controllo celle: Questo strumento consente di monitorare in tempo reale i valori nelle celle selezionate.

• Individua precedenti: Identifica le celle che contribuiscono al valore della cella selezionata.

• Individua dipendenti: Mostra quali formule nel foglio di lavoro si basano sulla cella attiva.

• Rimuovi freccia: Rimuove le frecce che mostrano le relazioni tra le celle nel foglio di lavoro.

• Controllo errori: Verifica l'accuratezza delle formule nel tuo foglio di lavoro.

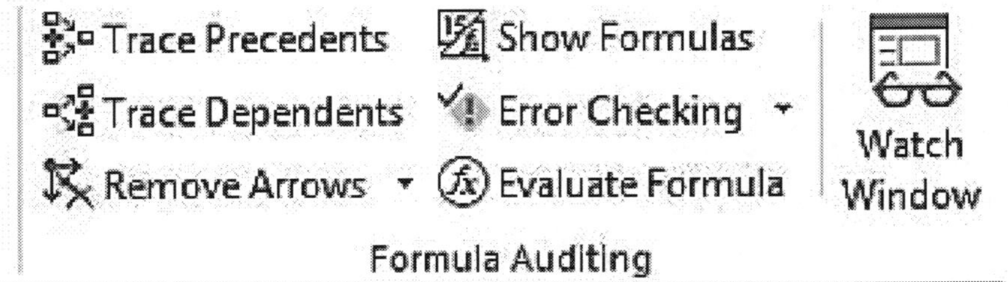

- Inoltre, la funzione "Calcolo" offre la possibilità di passare da un calcolo automatico a uno manuale.

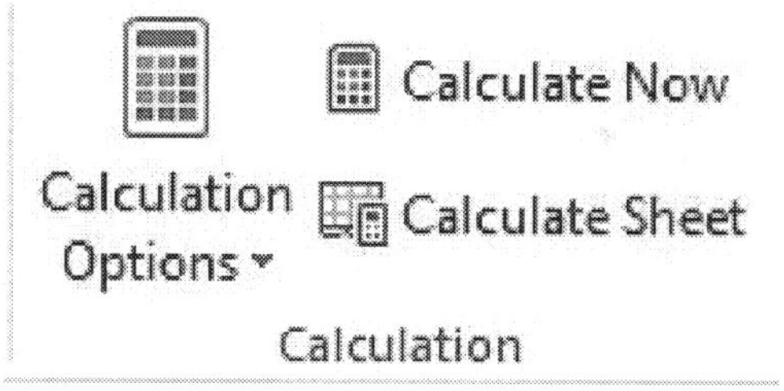

La Barra della Formula

La barra della formula è una caratteristica chiave nel foglio di lavoro di Microsoft Excel 2021. Si trova proprio sopra il foglio di lavoro e fornisce un campo in cui inserire o modificare le formule. È possibile modificare i dettagli o le formule visualizzate nella cella attiva utilizzando questa barra.

Espandere la Barra della Formula

In Excel, la barra della formula può essere espansa sia orizzontalmente che verticalmente:

1. Espandere lateralmente: Posiziona il puntatore del mouse tra la casella del nome e la barra della formula. Quando il puntatore diventa una freccia orizzontale a doppia punta, trascina per regolare la larghezza.

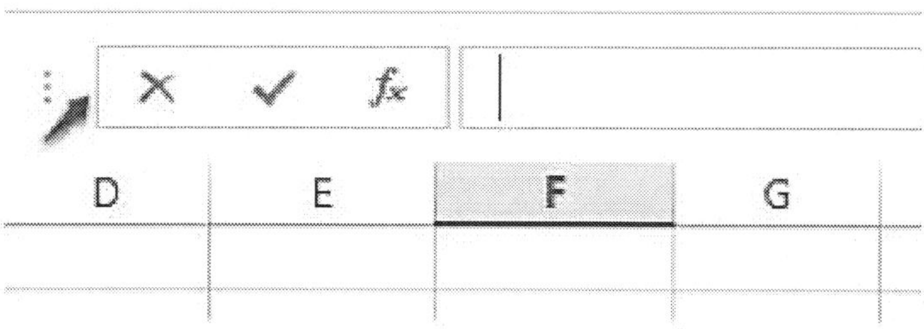

2. Espandere verticalmente: Posiziona il puntatore del mouse alla base della barra della formula. Quando il puntatore diventa una freccia orizzontale a doppia punta, trascina per regolare l'altezza.

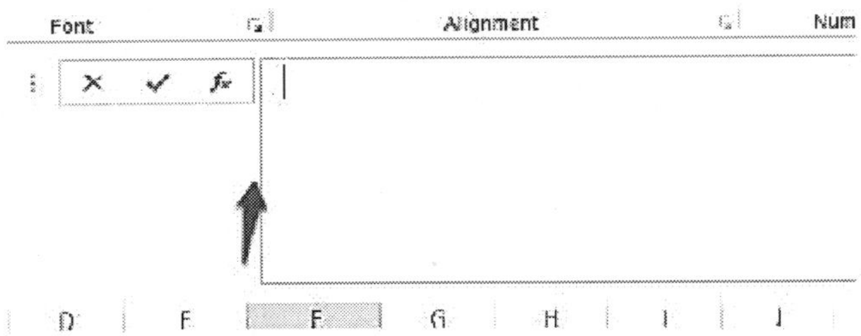

Contrarre la Barra della Formula

Per contrarre la barra della formula, cerca il pulsante Contrai o Espandi e cliccalo

.

Inserimento di Dati nella Barra della Formula

Per inserire o modificare dati nella barra della formula, segui questi passaggi:

1. Scrivi nella cella dove intendi inserire le informazioni. Mentre digiti, ciò che scrivi apparirà contemporaneamente nella barra della formula.

2. Per confermare le informazioni inserite, puoi fare clic sul segno di spunta presente sulla barra della formula o semplicemente premere il tasto Invio. Se invece vuoi cancellare i dati inseriti, clicca sulla X sulla barra della formula o premi il pulsante Esc.

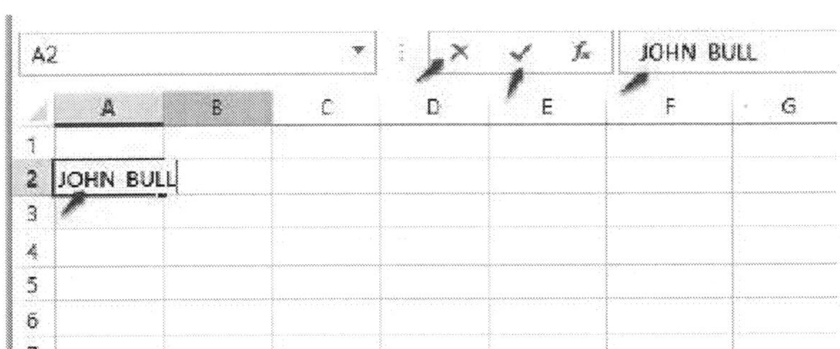

Finestra di Dialogo Inserisci Funzione

Questa finestra ti permette di aggiungere facilmente una funzione a una cella in Excel. Ecco i passaggi per utilizzarla:

1. Seleziona la cella dove desideri inserire la funzione.

2. Scegli la funzione desiderata dalla finestra di dialogo Inserisci Funzione.

3. Clicca sul pulsante OK per confermare.

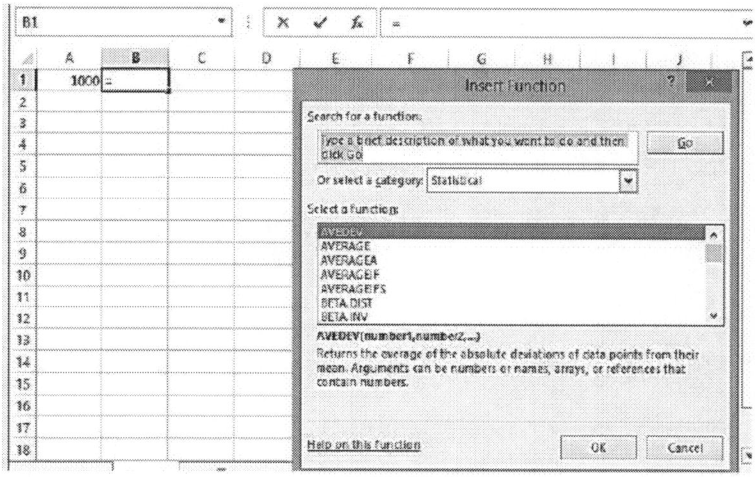

Finestra di Dialogo Argomento Funzione

Dopo aver utilizzato la finestra di dialogo Inserisci Funzione, avrai bisogno di utilizzare la finestra di dialogo Argomento Funzione. Questa finestra ti permette di fornire gli argomenti necessari per la funzione selezionata, affinché il risultato possa essere visualizzato nel tuo foglio di lavoro di Excel.

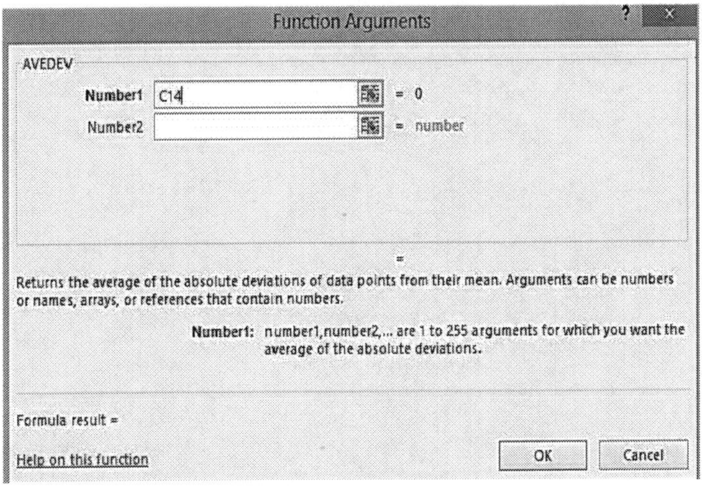

Visualizzazione della Barra della Formula

Se desideri modificare la visibilità della barra della formula nel tuo foglio di lavoro, puoi farlo seguendo questi passaggi:

1. Seleziona Opzioni dal menu File.

2. Scegli Avanzate dal menu a sinistra della finestra di dialogo.

3. Dal menu a discesa Visualizzazione, seleziona "Mostra la barra della formula".

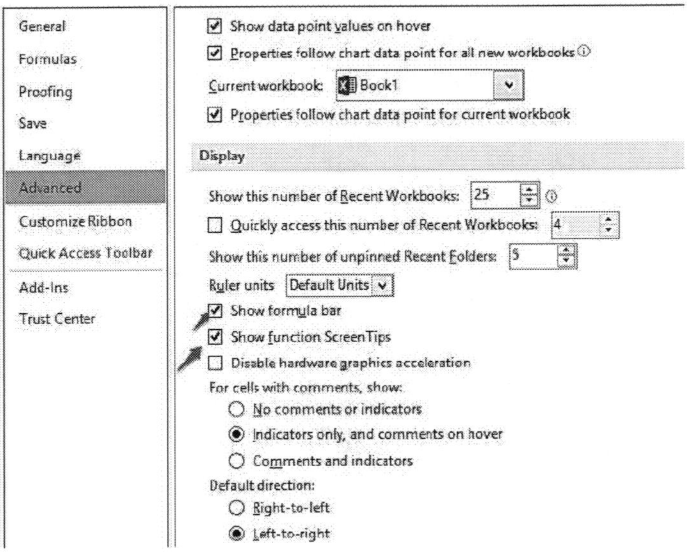

Tipi di Dati Accettati dalla Formula di Excel

Le formule di Excel possono gestire diversi tipi di dati:

- Costanti: Questi sono numeri che inserisci direttamente nel calcolo. Ad esempio, se inserisci =6+5 in una cella per ottenere 11, stai utilizzando costanti.

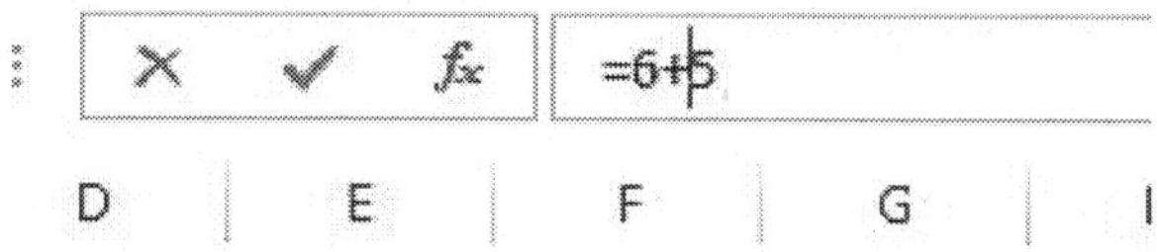

- Operatori: Gli operatori in Excel sono utilizzati per eseguire calcoli (come l'addizione, la sottrazione, la divisione ecc.), per confrontare valori (maggiore di, minore di) e per unire valori. Ad esempio, se inserisci =6>4 in una formula, otterrai il valore TRUE (vero), perché 6 è maggiore di 4.

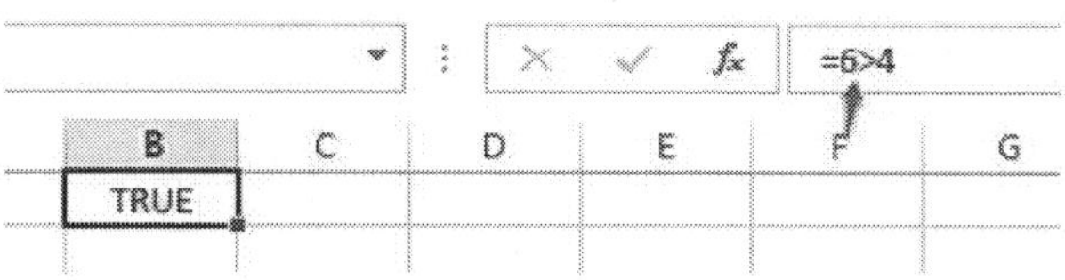

- Riferimenti di cella: Questi rappresentano i valori in una singola cella o in un gruppo di celle. Ad esempio, se inserisci la formula A1+B1 in una cella, Excel combinerà i valori di entrambe le celle nel calcolo.

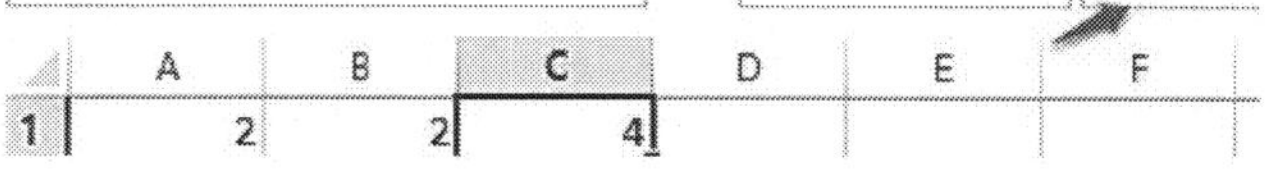

Inserire Formule in Excel

Ci sono vari modi per inserire una formula in una cella di Excel. L'approccio più semplice è il seguente:

1. Digita la formula direttamente nella cella o nella barra della formula (che si trova sopra le intestazioni di colonna). Spesso, si inizia digitando un segno di uguale (=) seguito dal nome della funzione.

2. Premi Invio per confermare.

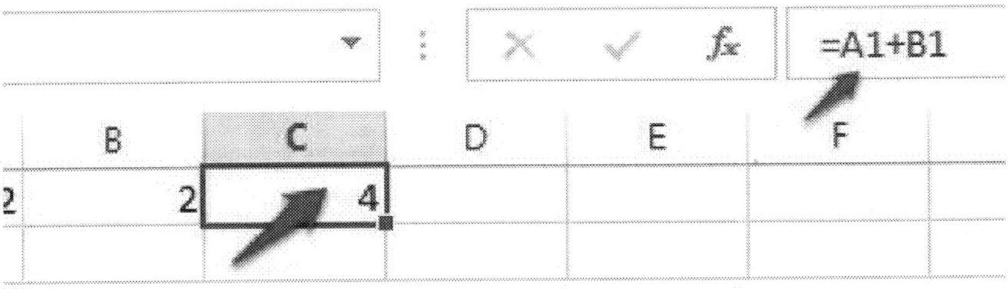

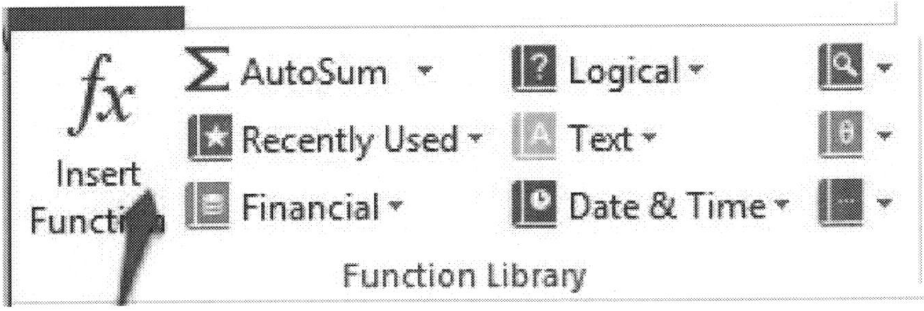

Operatori di calcolo

Gli operatori sono strumenti fondamentali che definiscono la natura dell'operazione da svolgere sugli elementi di una formula. Excel segue rigorosamente le regole matematiche universali nelle operazioni, che includono Parentesi, Esponenti, Moltiplicazione e Divisione, oltre ad Addizione e Sottrazione - concetti comunemente sintetizzati nell'acronimo PEMDAS. L'uso strategico delle parentesi offre la possibilità di manipolare la sequenza di tali operazioni.

Esistono quattro tipologie principali di operatori di calcolo. Questi includono gli operatori aritmetici, che gestiscono le operazioni di base come l'addizione e la sottrazione; gli operatori di confronto, utilizzati per confrontare valori; gli operatori di concatenazione del testo, che uniscono stringhe di testo; e infine, gli operatori di riferimento, che collegano diverse celle tra loro.

Operatori Aritmetici

Gli operatori aritmetici sono strumenti utilizzati per eseguire operazioni matematiche fondamentali come l'addizione, la sottrazione, la moltiplicazione e la divisione. Essi operano su numeri e generano risultati numerici.

+	Addizione	=7+7
-	Sottrazione	= 7-7
	Negazione	=-7
*	Moltiplicazione	=7*7
/	Divisione	=7/7
%.	Percentuale	70%
^	Elevamento a potenza	=7^7

Operatori di Confronto

Gli operatori di confronto permettono l'analisi comparativa tra due valori. Quando utilizzati, producono un valore logico, che può essere VERO o FALSO, a seconda dell'esito del confronto.

=	Uguale a	=A1=B1
>	Maggiore di	=A1>B1
<	Minore di	=A1<B1
>=	Maggiore di o Uguale a	=A1>=B1
<=	Minore o Uguale a	=A1<=B1
<>	Diverso da	=A1<>B1

Operatore di Concatenazione del Testo

L'operatore di concatenazione del testo, rappresentato dalla e commerciale (&), è usato per unire una o più stringhe di testo, creando così una singola stringa concatenata.

&	Concatena due valori generando un singolo valore di testo	="Rosso"&"Blu" restituiscono "RossoBlu".

Operatori di Riferimento

Gli operatori di riferimento sono utilizzati per combinare intervalli di celle, creando gruppi di elementi utili per l'esecuzione di calcoli.

:	Operatore di intervallo: crea un riferimento a tutte le celle che si trovano tra due punti di riferimento, inclusi i punti di riferimento stessi.	B5:B15
,	Operatore di unione: unisce più punti di riferimento in un unico riferimento.	=SOMMA(B5:B15,D5:D15)
(spazio)	Operatore di intersezione: genera un riferimento a tutte le celle che sono comuni a due riferimenti.	B7:D7 C6:C8

Ordine degli operatori nelle formule di Excel

Quando si mischiano vari operatori all'interno di una formula, Excel esegue le operazioni secondo l'ordine qui seguente. Se una formula incorpora operatori con la stessa priorità, ad esempio moltiplicazione e divisione, Excel li elabora da sinistra verso destra.

Operatori di riferimento (: (spazio) ;)

Negazione (–)

Percentuale (%)

Elevamento a potenza (^)

Moltiplicazione e divisione (* e /)

Addizione e sottrazione (+ e –)

Concatenazione di stringhe (&)

Confronto (= < > <= >= <>)

Funzioni in Excel

Una funzione è una formula predefinita che facilita l'esecuzione di compiti comuni in Excel. Alcune operazioni non possono essere eseguite con le formule e richiedono invece l'uso di funzioni.

Vantaggi dell'uso delle Funzioni

Ci sono molteplici ragioni per cui potresti voler utilizzare le funzioni in Excel. Alcuni dei vantaggi sono i seguenti:

- Semplificazione dei calcoli: Le funzioni rendono i calcoli più semplici. Ad esempio, invece di utilizzare =(C1+C2+C3), potresti usare =SOMMA(C1:C3) per sommare i valori in C1, C2 e C3.

- Calcoli avanzati: Le funzioni ti permettono di eseguire calcoli che non sarebbero possibili con una formula standard. Ad esempio, potresti utilizzare le funzioni MAX o MIN per trovare il valore massimo o minimo in un set di dati.

- Risparmio di tempo: Le funzioni possono risparmiare tempo e sforzo permettendoti di eseguire operazioni che, con una formula standard, potrebbero richiedere molto tempo. Ad esempio, potresti utilizzare la funzione SINISTRA per estrarre i primi otto caratteri da una cella.

Argomenti di Funzione

Gli argomenti di funzione sono i valori di input che una funzione utilizza per eseguire i calcoli. Le funzioni richiedono spesso specifici dati di input, o argomenti, per funzionare correttamente. Ad esempio, nella funzione MEDIA(B2:C5), B2:C5 è l'argomento.

Funzioni Senza Argomenti

Alcune funzioni non richiedono argomenti per operare. Funzioni come CASUALE, ADESSO e OGGI sono esempi di funzioni che non richiedono argomenti. Tuttavia, queste funzioni devono essere seguite da parentesi aperte e chiuse, ad esempio, =CASUALE().

Applicare una Funzione a uno o più Argomenti

Alcune funzioni necessitano di più di un argomento per funzionare correttamente. Gli argomenti sono separati da virgole all'interno delle parentesi della funzione. Un esempio è la funzione GRANDE, che restituisce il k-esimo numero più grande in un insieme di dati. Ad esempio, =GRANDE(A1:A50, 4) restituisce il quarto valore più grande nell'intervallo da A1 a A50.

Uso della Funzione con Argomenti Richiesti e Opzionali

Alcune funzioni in Excel non solo richiedono argomenti specifici, ma dispongono anche di argomenti opzionali che possono essere utilizzati per ampliare le loro funzionalità.

Prendiamo ad esempio la funzione GIORNI.LAVORATIVI.TOT (NETWORKDAYS). Questa funzione calcola il numero di giorni lavorativi tra due date. Per utilizzarla, è necessario fornire le date di inizio e fine come argomenti richiesti. Ad esempio, per calcolare il numero di giorni lavorativi tra il 1° gennaio 2021 e il 31 dicembre 2021, si utilizzerebbe:
=GIORNI.LAVORATIVI.TOT("1/1/2021","12/31/2021").

La funzione GIORNI.LAVORATIVI.TOT include anche un argomento opzionale che permette di escludere un insieme di date, come giorni festivi. Ad esempio, se si dispone di un elenco di date dei giorni festivi in A1:A5, potreste utilizzare

=GIORNI.LAVORATIVI.TOT("1/1/2021","12/31/2021", A1:A5)

per calcolare i giorni lavorativi tra il 1° gennaio 2021 e il 31 dicembre 2021, escludendo i giorni festivi.

Come Trovare gli Argomenti di una Funzione

Ci sono diversi metodi per trovare gli argomenti necessari per una funzione in Excel, tra cui:

- Finestra di dialogo delle Funzioni: Ogni funzione in Excel dispone di una finestra di dialogo che mostra un elenco degli argomenti richiesti e opzionali. Per aprire la finestra di dialogo di una funzione, segui questi passi:

1. Seleziona il pulsante "Formula" dalla barra degli strumenti.

2. Fai clic su "Inserisci Funzione", e apparirà la finestra di dialogo degli argomenti delle funzioni.

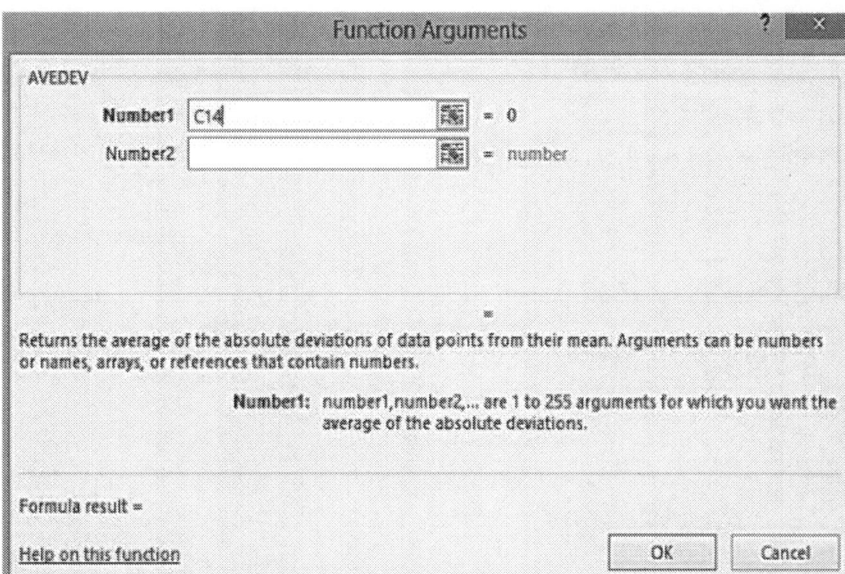

- Tooltips: In Excel, puoi anche utilizzare i suggerimenti visualizzati automaticamente per individuare gli argomenti richiesti da una funzione. Per attivare i suggerimenti, seleziona la cella in cui desideri inserire la formula, digita un segno di uguale (=), e inizia a scrivere il nome della funzione seguito da una parentesi aperta. Excel mostrerà un tooltip con la lista degli argomenti richiesti dalla funzione.

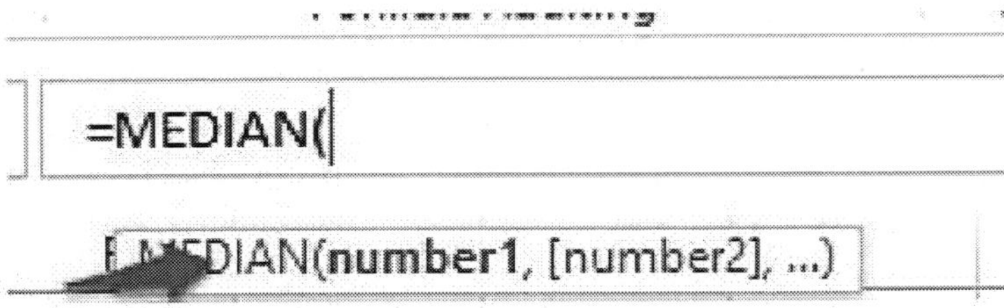

Formule e Errori di Funzione

Occasionalmente, lavorare con le funzioni di Excel e le formule può diventare complesso, soprattutto quando generano codici di errore invece dei risultati attesi. Ecco una breve panoramica dei sette errori più comuni che possono verificarsi nell'utilizzo di funzioni o formule, e le potenziali cause:

- #NUM!: Questo codice di errore suggerisce che un numero nella formula non è corretto. Potrebbe essere il risultato di un'operazione matematica errata o di un errore in una funzione trigonometrica. Ad esempio, questo può accadere quando si cerca di generare una radice quadrata di un numero negativo.

- #REF!: Questo errore indica che la formula contiene un riferimento di cella non valido. Ciò può succedere quando si rimuove una riga o una colonna a cui la formula fa riferimento, o se la formula include un riferimento di cella errato.

- #VALORE!: Questo errore suggerisce che la formula sta utilizzando i dati in modo inappropriato. Ciò potrebbe verificarsi se si cerca di eseguire un'operazione matematica con un valore non numerico, ad esempio.

- #DIV/0!: Questo errore si verifica quando la formula tenta di dividere un numero per zero. Matematicamente, nessun numero può essere diviso per zero. Questo errore può anche verificarsi quando si cerca di dividere un valore per una cella vuota.

- #NOME?: Questo errore indica che Excel non riconosce il nome utilizzato in una formula. Può essere causato da una funzione mal digitata, un nome di foglio errato, un riferimento di cella scorretto, o altri errori di sintassi.

- #N/A: Questo errore suggerisce che la formula non è in grado di fornire un risultato valido. Questo può accadere se si utilizza un argomento errato in una funzione o se una funzione di ricerca non trova un valore corrispondente.

- #NULL!: Questo errore si verifica quando la formula coinvolge l'intersezione di due intervalli che non si intersecano. Questo può accadere se si utilizzano spazi in un riferimento di cella, ad esempio.

Differenza tra Funzioni e Formule

In molti contesti, le formule e le funzioni di Excel possono sembrare simili e a volte sono usate in modo intercambiabile per eseguire compiti correlati. Tuttavia, ci sono distinzioni significative tra le due. Vediamo alcune delle differenze principali:

- Una Formula è un'espressione creata dall'utente che calcola il valore dei dati in una cella (ad esempio, A1*B2, C3*D4, ecc.). D'altro canto, una Funzione è un blocco di codice predefinito incorporato in Excel, progettato per eseguire una specifica procedura (come SOMMA, MEDIA, MIN, MAX, ecc.).

- Le Formule non hanno un nome specifico, mentre ogni Funzione ha un nome distinto.

- Le Formule non hanno una struttura definita, mentre le Funzioni hanno una struttura specifica che deve essere seguita.

- Una Formula non ha parametri predefiniti per produrre un output, mentre ogni Funzione ha parametri specifici che influenzano l'output.

- Il termine "formula" si riferisce a un insieme di operazioni matematiche. Le Funzioni, invece, possono coinvolgere operazioni più complesse.

Quando si utilizzano le formule di Excel, ci sono alcune cose importanti da ricordare:

- Le formule di Excel devono iniziare con un segno di uguale (=). Questo segno consente a Excel di riconoscere che si sta inserendo una formula.

- Il risultato della formula viene visualizzato nella cella in cui la formula è stata inserita.

Ordine delle Operazioni in Excel

Quando si svolgono calcoli matematici in Excel, è fondamentale seguire un preciso ordine delle operazioni. Excel aderisce alle leggi matematiche fondamentali, tra cui parentesi, esponenti, moltiplicazione e divisione, e addizione e sottrazione. Ecco come si applicano:

1. Le espressioni all'interno delle parentesi vengono valutate per prime.

2. Successivamente, si calcolano gli esponenti.

3. Dopodiché si eseguono le operazioni di moltiplicazione o divisione.

4. Infine, vengono effettuate le operazioni di addizione o sottrazione.

Operazioni Aritmetiche di Base in Excel

In Excel, è possibile eseguire una serie di operazioni aritmetiche semplici, come addizione, sottrazione, moltiplicazione e divisione. Ecco una breve spiegazione su come farlo:

- Addizione (+): Per sommare due o più celle, scegli la cella dove vuoi inserire la formula, poi digita "=" seguito dagli indirizzi delle celle separate da "+" e infine premi Invio.

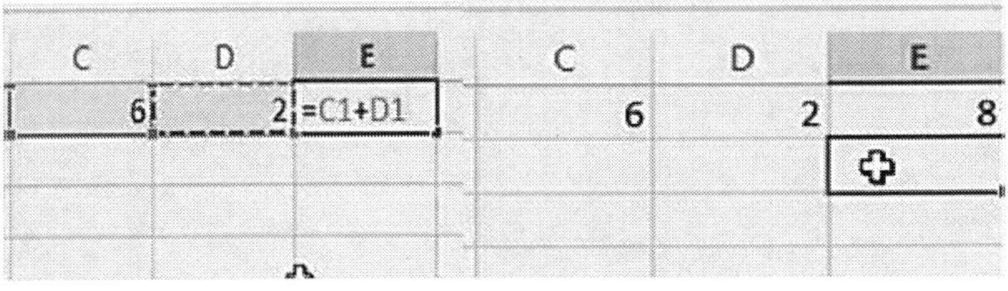

- Sottrazione (-): Per sottrarre una cella da un'altra, inserisci la formula in una cella selezionata. Digita "=", seguito dall'indirizzo della cella da cui vuoi sottrarre, poi "-" e infine l'indirizzo della cella da sottrarre. Concludi premendo Invio.

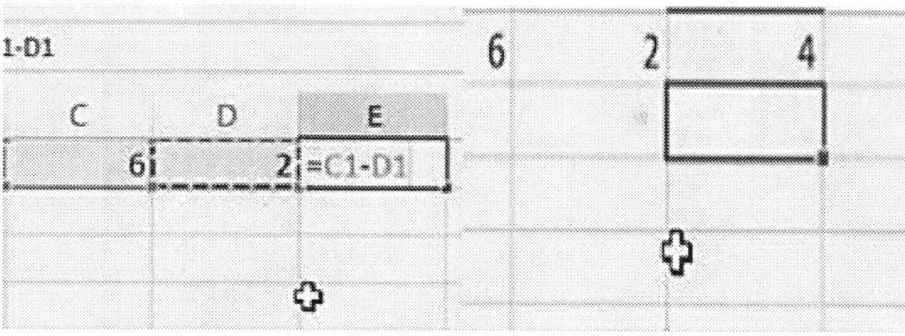

- Moltiplicazione (*): Per moltiplicare due o più celle, digita "=" seguito dagli indirizzi delle celle separate da "*". Una volta completato, premi Invio.

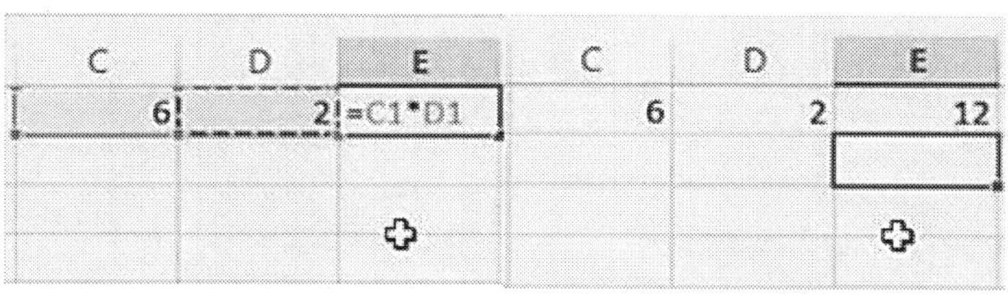

- Divisione (/): Per dividere una cella per un'altra, digita "=" seguito dall'indirizzo della cella che vuoi dividere, poi "/" e infine l'indirizzo della cella per cui intendi dividere. Premi Invio per completare.

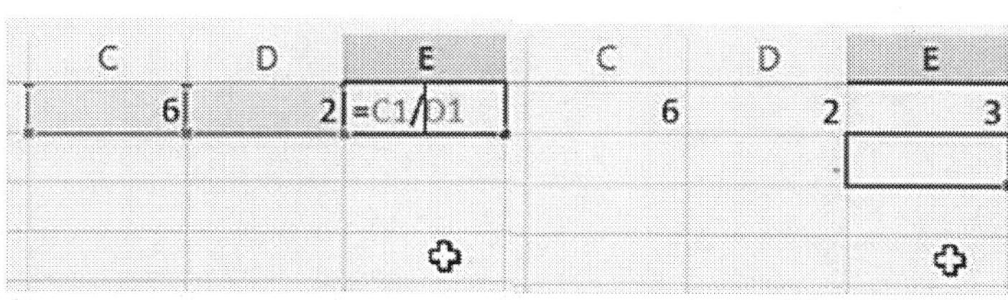

- Percentuale (%): Per convertire il contenuto di una cella in una percentuale (dividendo per 100), digita "=" seguito dall'indirizzo della cella e infine "%". Premi Invio per terminare.

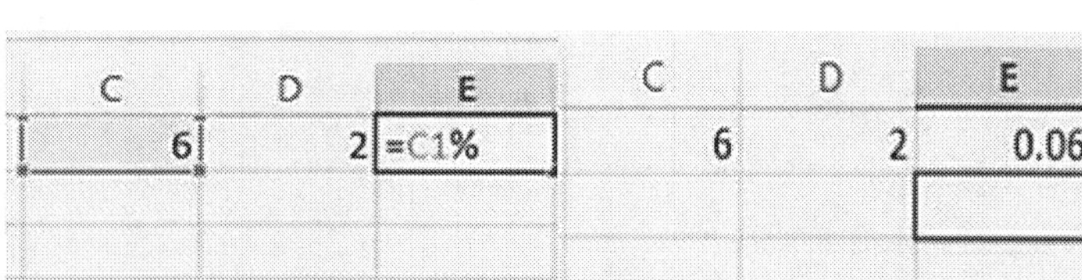

- Esponenti (^): Per elevare una cella a una potenza, digita "=" seguito dall'indirizzo della cella, poi "^" e il numero dell'esponente. Conferma l'operazione premendo Invio.

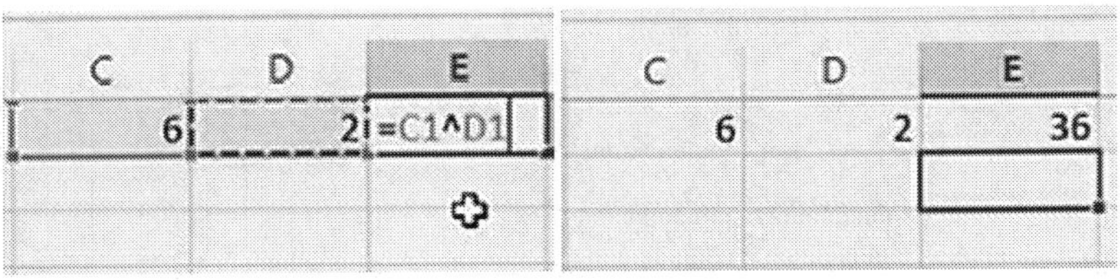

Ricorda, il risultato di qualsiasi formula viene visualizzato nella cella in cui la formula è stata inserita.

Capitolo 6: Spiegazione di Formule e Funzioni

Arrivati a questo punto del nostro viaggio di apprendimento su Excel, è essenziale familiarizzare con alcune formule e funzioni fondamentali. Queste saranno di grande aiuto, indipendentemente dal tuo livello di competenza con Excel. Prendiamoci il tempo necessario per esplorare queste formule e funzioni essenziali.

Funzioni Matematiche

Le funzioni matematiche sono utilizzate per effettuare operazioni numeriche, che includono calcolo di percentuali, addizioni e semplici analisi finanziarie.

Funzione SOMMA (SUM)

La funzione SOMMA è utilizzata per sommare i valori di diverse righe o colonne.

La sintassi della funzione è la seguente:

```
=SOMMA(num1, [num2])
```

Per utilizzare la funzione SOMMA, segui questi passaggi:

1. Inserisci la funzione SOMMA nella cella.

2. Seleziona le celle che vuoi sommare inserendole nell'argomento della funzione.

3. Premi il tasto Invio.

Ricorda, la funzione SOMMA può accettare diversi argomenti che rappresentano i valori numerici che vuoi sommare:

=SUM (num 1, [num 2], [num 3]…)

num 1: questo è il primo valore da sommare

num 2: questo è il secondo valore da sommare

num 3: questo è il terzo valore da sommare

Utilizzo della Funzione AGGREGA per Calcolare le Entrate Totali da Lunedì a Venerdì

B8

	A	B	C
1	DAYS OF THE WEEK	SALES	
2	MONDAY	23,000	
3	TUESDAY	12,990	
4	WEDNESDAY	12,987	
5	THURSAY	32,200	
6	FRIDAY	32,150	

Per calcolare le entrate totali da lunedì a venerdì con la funzione SOMMA, segui i passaggi sottostanti:

1. Inserisci la funzione nella cella desiderata, ad esempio `=SOMMA(A2:B6)`.

SEARCH | =SUM(A2:B6)

	A	B	C	D	E	F
1	DAYS OF THE WEEK	SALES				
2	MONDAY	23,000				
3	TUESDAY	12,990				
4	WEDNESDAY	12,987				
5	THURSAY	32,200				
6	FRIDAY	32,150				
7						
8	TOTAL SALES	=SUM(A2:B6)				
9		SUM(number1, [number2], ...)				

Se hai seguito correttamente questi passaggi, otterrai le entrate nette da lunedì a venerdì, che in questo caso sono pari a 113327.

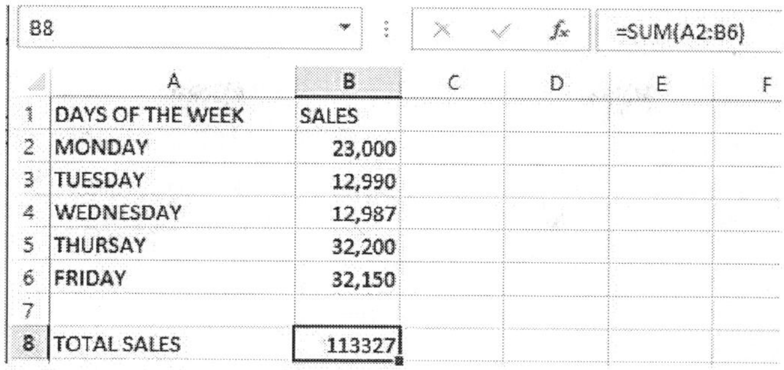

B8 =SUM(A2:B6)

	A	B	C	D	E	F
1	DAYS OF THE WEEK	SALES				
2	MONDAY	23,000				
3	TUESDAY	12,990				
4	WEDNESDAY	12,987				
5	THURSAY	32,200				
6	FRIDAY	32,150				
7						
8	TOTAL SALES	113327				

Quando si utilizza la funzione SOMMA, è importante ricordare quanto segue:

- Un errore di valore si verifica se i criteri forniti superano i 255 caratteri.

- La funzione SOMMA esclude automaticamente le celle vuote o quelle contenenti valori di testo.

- Gli argomenti possono includere costanti, insiemi, intervalli di nomi e riferimenti di celle.

- Se la dichiarazione include errori, la funzione SOMMA restituirà un errore.

Funzione SOMMA.SE (SUMIF)

La funzione SOMMA.SE somma le celle che rispondono a determinati criteri o condizioni. Questi criteri possono comprendere date, numeri e testo. La funzione accetta anche operatori logici come `<`, `>` e caratteri jolly come `*` e `?`.

La sintassi della funzione SOMMA.SE è la seguente:

=SOMMA.SE(intervallo;criterio;[int_somma])

- Intervallo (Argomento obbligatorio): Questo è l'intervallo di celle al quale si applicano le condizioni.

- Criterio (Argomento obbligatorio): Questo determina quali celle saranno sommate. I criteri possono essere espressi in vari modi, includendo numeri, date, stringhe di testo (ad esempio, "Lunedì", "Est", "Prezzo"), e espressioni come `>11`, `<3`.

- int_somma (Argomento opzionale): Questo è l'intervallo di celle da sommare, nel caso in cui ci siano altre celle da considerare oltre a quelle specificate nell'argomento `range`.

Applicazione della Funzione SOMMA.SE

Vediamo come utilizzare la funzione SOMMA.SE per calcolare le entrate in gennaio e negli Stati Uniti.

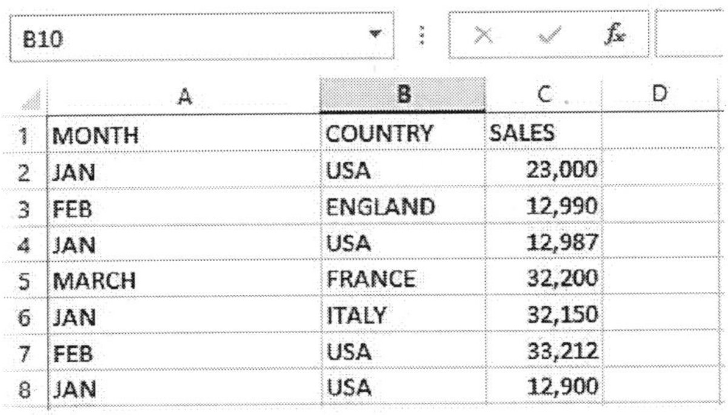

	A	B	C	D
1	MONTH	COUNTRY	SALES	
2	JAN	USA	23,000	
3	FEB	ENGLAND	12,990	
4	JAN	USA	12,987	
5	MARCH	FRANCE	32,200	
6	JAN	ITALY	32,150	
7	FEB	USA	33,212	
8	JAN	USA	12,900	

Calcolo delle entrate in Gennaio

Per determinare le entrate generate a gennaio, segui i passaggi sottostanti:

1. Seleziona una cella vuota e inizia a inserire la funzione `SOMMA.SE(A2:A8)`.

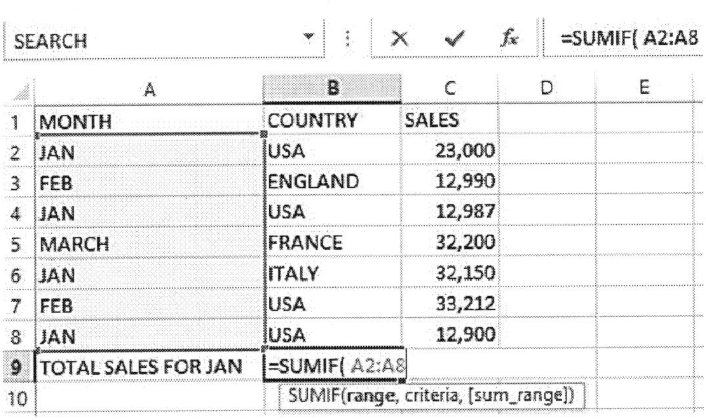

	A	B	C	D	E
1	MONTH	COUNTRY	SALES		
2	JAN	USA	23,000		
3	FEB	ENGLAND	12,990		
4	JAN	USA	12,987		
5	MARCH	FRANCE	32,200		
6	JAN	ITALY	32,150		
7	FEB	USA	33,212		
8	JAN	USA	12,900		
9	TOTAL SALES FOR JAN	=SUMIF(A2:A8			
10					

2. Prosegui con l'inserimento dei criteri specifici per gennaio: `SOMMA.SE(A2:A8, "JAN")`.

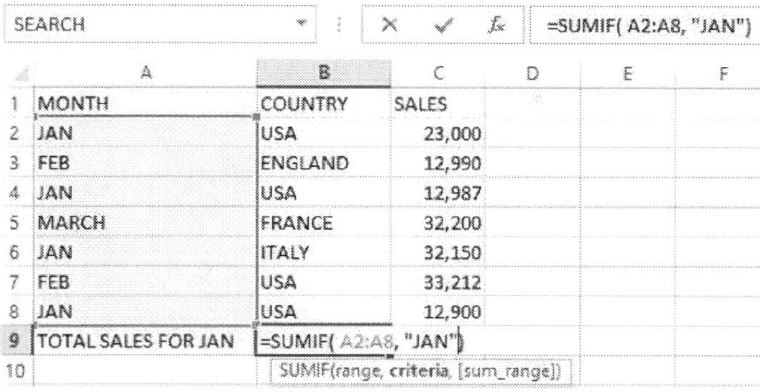

	A	B	C	D	E	F
1	MONTH	COUNTRY	SALES			
2	JAN	USA	23,000			
3	FEB	ENGLAND	12,990			
4	JAN	USA	12,987			
5	MARCH	FRANCE	32,200			
6	JAN	ITALY	32,150			
7	FEB	USA	33,212			
8	JAN	USA	12,900			
9	TOTAL SALES FOR JAN	=SUMIF(A2:A8, "JAN")				
10						

3. Infine, specifica l'intervallo di somma: `SOMMA.SE(A2:A8, “JAN”, C2:C8)`.

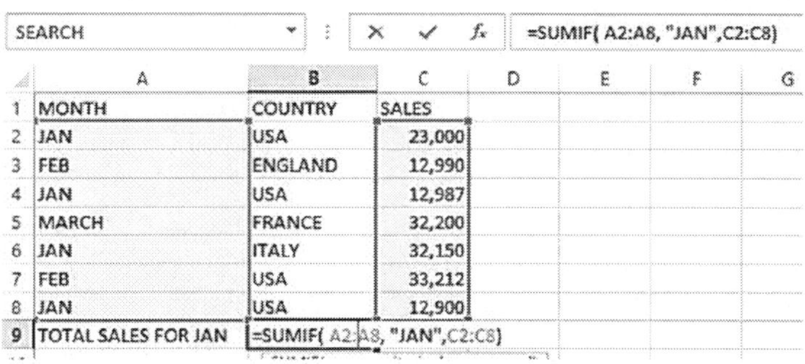

	A	B	C	D	E	F	G
1	MONTH	COUNTRY	SALES				
2	JAN	USA	23,000				
3	FEB	ENGLAND	12,990				
4	JAN	USA	12,987				
5	MARCH	FRANCE	32,200				
6	JAN	ITALY	32,150				
7	FEB	USA	33,212				
8	JAN	USA	12,900				
9	TOTAL SALES FOR JAN	=SUMIF(A2:A8, "JAN",C2:C8)					

Seguendo correttamente questi passaggi, troverai che il totale delle vendite a gennaio ammonta a 81.037, come illustrato nella tabella sottostante.

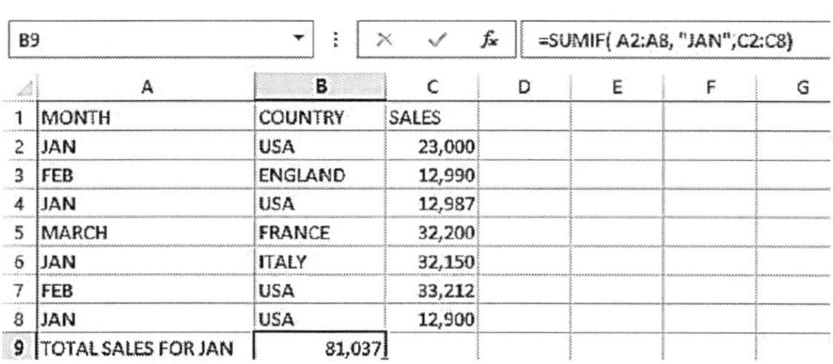

	A	B	C	D	E	F	G
1	MONTH	COUNTRY	SALES				
2	JAN	USA	23,000				
3	FEB	ENGLAND	12,990				
4	JAN	USA	12,987				
5	MARCH	FRANCE	32,200				
6	JAN	ITALY	32,150				
7	FEB	USA	33,212				
8	JAN	USA	12,900				
9	TOTAL SALES FOR JAN	81,037					

Calcolo delle vendite totali negli Stati Uniti

Per determinare l'importo complessivo delle vendite effettuate negli Stati Uniti, segui questi passaggi:

1. Seleziona una cella vuota e inizia a inserire la funzione `SOMMA.SE(B2:B8)`.

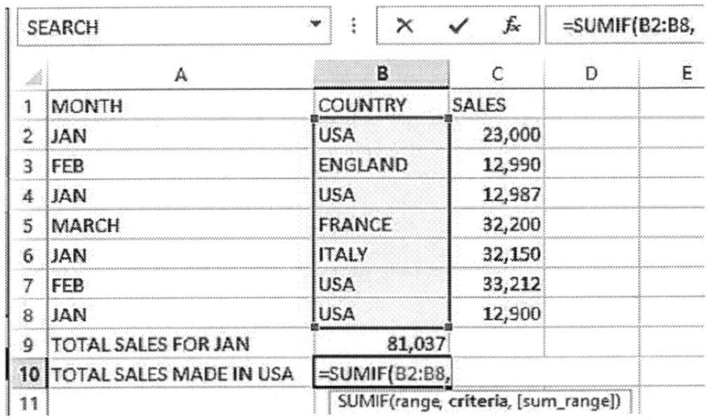

	A	B	C	D	E
1	MONTH	COUNTRY	SALES		
2	JAN	USA	23,000		
3	FEB	ENGLAND	12,990		
4	JAN	USA	12,987		
5	MARCH	FRANCE	32,200		
6	JAN	ITALY	32,150		
7	FEB	USA	33,212		
8	JAN	USA	12,900		
9	TOTAL SALES FOR JAN	81,037			
10	TOTAL SALES MADE IN USA	=SUMIF(B2:B8,			
11					

2. Prosegui con l'inserimento dei criteri specifici per gli Stati Uniti: `SOMMA.SE(B2:B8, "USA")`.

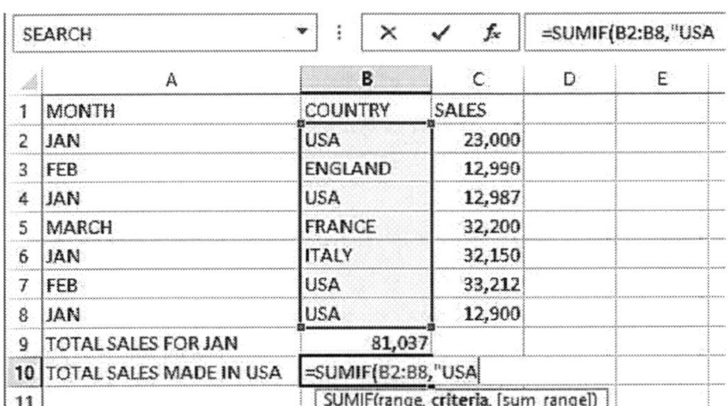

	A	B	C	D	E
1	MONTH	COUNTRY	SALES		
2	JAN	USA	23,000		
3	FEB	ENGLAND	12,990		
4	JAN	USA	12,987		
5	MARCH	FRANCE	32,200		
6	JAN	ITALY	32,150		
7	FEB	USA	33,212		
8	JAN	USA	12,900		
9	TOTAL SALES FOR JAN	81,037			
10	TOTAL SALES MADE IN USA	=SUMIF(B2:B8,"USA			
11					

3. Infine, specifica l'intervallo di somma: `SOMMA.SE(B2:B8, "USA", B2:B8)`.

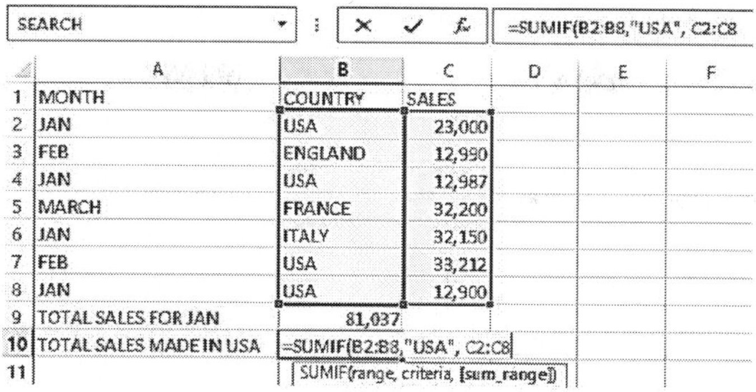

SEARCH | =SUMIF(B2:B8,"USA", C2:C8

	A	B	C	D	E	F
1	MONTH	COUNTRY	SALES			
2	JAN	USA	23,000			
3	FEB	ENGLAND	12,990			
4	JAN	USA	12,987			
5	MARCH	FRANCE	32,200			
6	JAN	ITALY	32,150			
7	FEB	USA	33,212			
8	JAN	USA	12,900			
9	TOTAL SALES FOR JAN	81,037				
10	TOTAL SALES MADE IN USA	=SUMIF(B2:B8,"USA", C2:C8				
11		SUMIF(range, criteria, [sum_range])				

Seguendo correttamente questi passaggi, potrai calcolare l'importo totale delle vendite effettuate negli Stati Uniti.

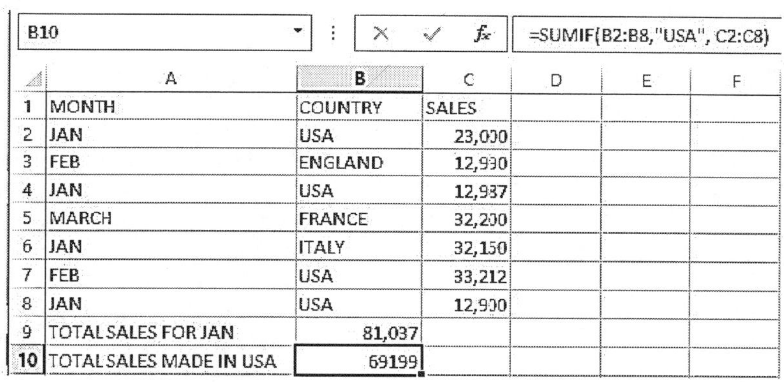

B10 | =SUMIF(B2:B8,"USA", C2:C8)

	A	B	C	D	E	F
1	MONTH	COUNTRY	SALES			
2	JAN	USA	23,000			
3	FEB	ENGLAND	12,990			
4	JAN	USA	12,987			
5	MARCH	FRANCE	32,200			
6	JAN	ITALY	32,150			
7	FEB	USA	33,212			
8	JAN	USA	12,900			
9	TOTAL SALES FOR JAN	81,037				
10	TOTAL SALES MADE IN USA	69199				

Considerazioni quando si utilizza la funzione SOMMA.SE

Quando utilizzi la funzione SOMMA.SE, tieni conto delle seguenti osservazioni:

• Se i criteri forniti sono più lunghi di 255 caratteri, Excel restituirà un errore #VALORE!

• Se l'intervallo di somma non è definito, le celle nell'intervallo specificato verranno automaticamente sommate.

• Assicurati di usare i doppi apici intorno alle stringhe di testo nei criteri; altrimenti, queste non verranno incluse nella somma.

• Ricorda che nella funzione SOMMA.SE, i caratteri jolly, come ? e *, possono essere utilizzati.

L'importanza di SOMMA.SE

La funzione SOMMA.SE si rivela particolarmente utile quando si desidera sommare celle che soddisfano specifiche condizioni. Per stabilire tali condizioni, si possono utilizzare dati temporali, numerici e testuali. Questa funzione, inoltre, si avvale di operatori logici come <, >, ≤ e così via, oltre ai caratteri jolly (*,?).

Utilizzo di SOMMA.PIÙ.SE (SUMIFS)

Facciamo un esempio di come usare la funzione SOMMA.PIÙ.SE per calcolare la quantità totale di mele fornite da Pete.

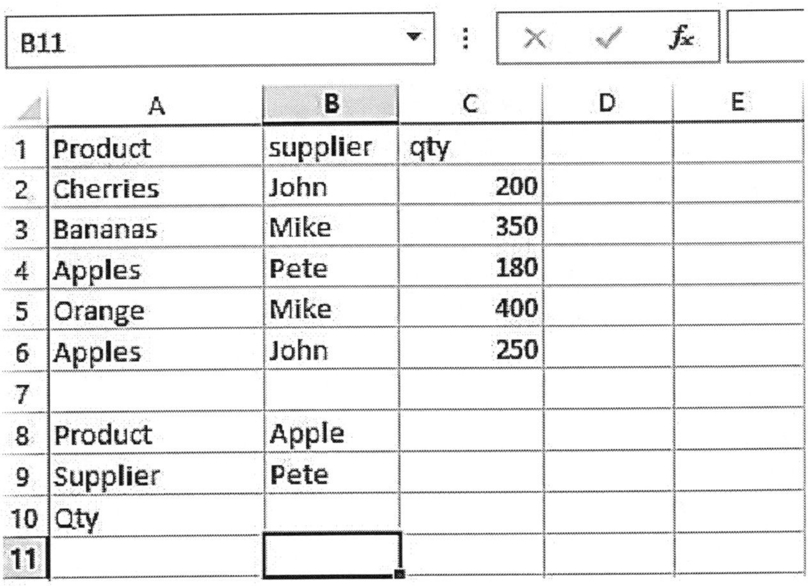
B11

	A	B	C	D	E
1	Product	supplier	qty		
2	Cherries	John	200		
3	Bananas	Mike	350		
4	Apples	Pete	180		
5	Orange	Mike	400		
6	Apples	John	250		
7					
8	Product	Apple			
9	Supplier	Pete			
10	Qty				
11					

Per determinare la quantità totale di mele fornite da Pete, segui i seguenti passaggi:

• Inizia inserendo la funzione in una cella vuota: =SOMMA.PIÙ.SE (C2:C6, A2:A6, "apples", B2:B6, "Pete").

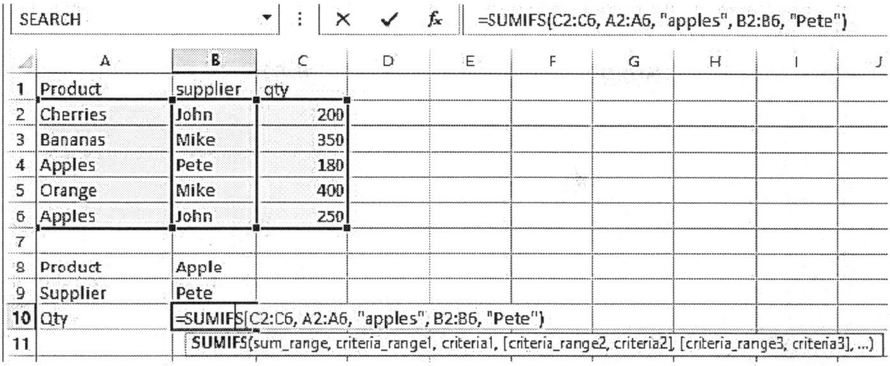

• Se hai seguito correttamente la procedura, il numero totale di mele fornite da Pete dovrebbe risultare pari a 180.

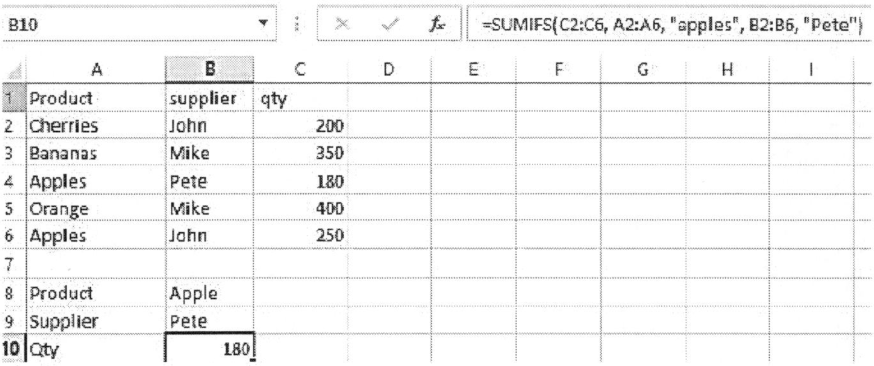

Quando utilizzi la funzione SOMMA.PIÙ.SE, tieni presente quanto segue:

• Le stringhe di testo nei criteri devono essere racchiuse tra virgolette doppie ("), ad esempio, "orange".

• L'intervallo di somma (sum_range) dovrebbe avere lo stesso numero di righe e colonne del range.

• Se gli intervalli forniti non sono allineati, Excel restituirà un errore #VALORE!.

• Normalmente, i riferimenti alle celle non vanno inclusi tra virgolette.

• Infine, ricorda che la funzione SOMMA.PIÙ.SE si applica solo agli intervalli (ranges), non alle matrici (arrays).

Funzione RESTO (MOD)

La funzione RESTO viene utilizzata per determinare il resto di una divisione (il dividendo) per un altro numero (il divisore). Ecco gli argomenti che devi fornire alla funzione RESTO:

```
=RESTO(dividendo; divisore)
```

- Dividendo (argomento obbligatorio): è il numero del quale desideri calcolare il resto.

- Divisore (argomento obbligatorio): è il numero per cui desideri dividere il primo numero.

Applicazione della funzione RESTO

Utilizziamo la funzione RESTO per trovare il resto della cella A2 nella seguente tabella.

	A	B	C	D
1	Number	Divisor	MOD FUNCTION	
2	23	2		
3	21	3		
4				
5				
6				

Per determinare il resto di A2, segui queste istruzioni:

- Inserisci la funzione, i numeri e il divisore in una cella vuota. Ad esempio, potresti scrivere =RESTO(A2, B2).

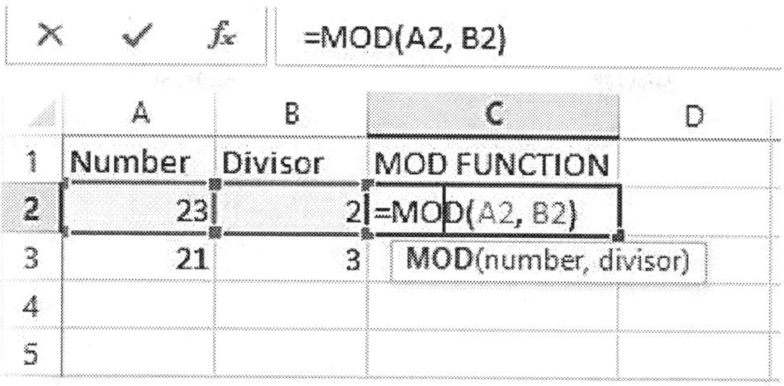

- La figura successiva mostra il risultato di questo calcolo.

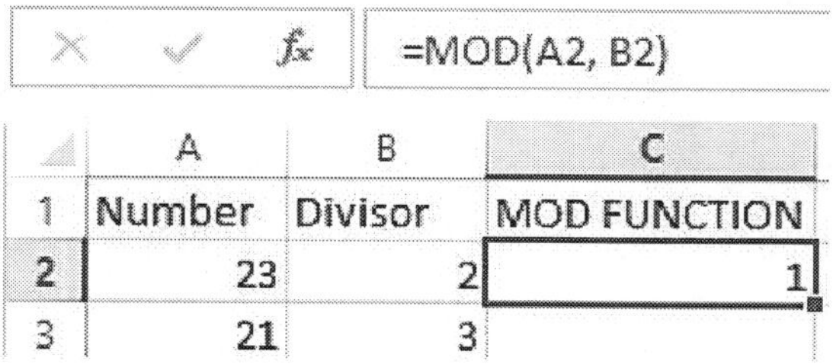

Quando usi la funzione RESTO, tieni presente quanto segue:

- Se il divisore è zero, si verifica un errore #DIV/0!.
- Il risultato della funzione RESTO avrà lo stesso segno del divisore.

Funzione CASUALE.TRA (RANDBETWEEN)

La funzione CASUALE.TRA restituisce un numero intero casuale all'interno di un intervallo specificato. Questa funzione viene ricalcolata ogni volta che il foglio di lavoro viene aperto o aggiornato. Gli argomenti che dovrai fornire alla funzione CASUALE.TRA sono:

```
=CASUALE.TRA(Minore;Maggiore)
```

- Minore (argomento obbligatorio): è il numero minimo che la funzione può restituire.

- Maggiore (argomento obbligatorio): è il numero massimo che la funzione può restituire.

Applicazione della funzione CASUALE.TRA

Guardiamo la tabella seguente per vedere come utilizzare la funzione CASUALE.TRA.

=RANDBETWEEN(A2, B2)

	A	B	C	D
1	Bottom	Top	Result	
2	2	3	3	
3	3	10	4	
4	120	300	205	
5	32	121	102	

- La funzione CASUALE.TRA è stata inserita nella tabella precedente: =CASUALE.TRA(A2, B2).

Ogni volta che le formule del foglio di lavoro vengono ricomputate, il risultato cambia, come mostrato nella tabella seguente.

=RANDBETWEEN(A2, B2)

	A	B	C	D
1	Bottom	Top	Result	
2	2	3	2	
3	3	10	8	
4	120	300	181	
5	32	121	87	

Quando usi la funzione CASUALE.TRA, tieni a mente i seguenti punti:

- La funzione CASUALE.TRA restituisce un nuovo valore ogni volta che il foglio di lavoro viene calcolato o modificato.

- Per mantenere fisso un numero casuale durante i calcoli del foglio di lavoro, inserisci la funzione CASUALE.TRA nella barra della formula, poi premi F9 per convertire la formula nel suo risultato.

- Se vuoi generare una serie di numeri casuali in più celle, seleziona le celle, inserisci la funzione CASUALE.TRA e poi premi Ctrl + Invio.

Funzione ARROTONDA (ROUND)

La funzione ARROTONDA è utilizzata per arrotondare un numero a un numero specifico di cifre. Questa funzione può arrotondare sia all'unità decimale più vicina che all'intero più vicino. Gli argomenti necessari per la funzione ARROTONDA sono:

```
=ARROTONDA(num; num_cifre)
```

- Num (Argomento obbligatorio): il numero che desideri arrotondare.

- Num_cifre (Argomento obbligatorio): il numero di cifre a cui arrotondare il numero.

Applicazione della funzione ARROTONDA

Usando la funzione ARROTONDA, procediamo ad arrotondare il numero 1844.123 alla cifra decimale più vicina, alle due cifre decimali più vicine, all'intero più vicino, all'unità di decina più vicina, all'unità di centinaia più vicina e all'unità di migliaia più vicina.

- Per arrotondare 1844.123 alla cifra decimale più vicina, usiamo =ARROTONDA(A1,1)

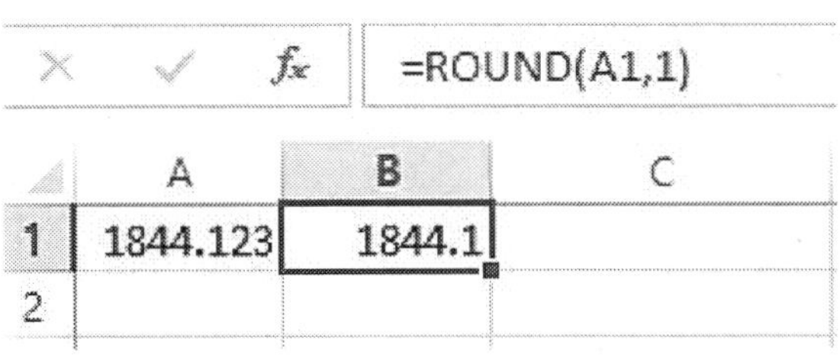

- Per arrotondare 1844.123 all'intero più vicino, usiamo =ARROTONDA (A1, 0)

Funzione ARROTONDA.PER.DIF (ROUNDDOWN)

La funzione ARROTONDA.PER.DIF ti permette di arrotondare per difetto un numero a un numero specificato di cifre decimali. Gli argomenti necessari per la funzione ARROTONDA.PER.DIF sono:

```
= ARROTONDA.PER.DIF(num; num_cifre)
```

- num (Argomento obbligatorio): il numero che intendi arrotondare per difetto.

- num_cifre (Argomento obbligatorio): il numero di cifre a cui desideri arrotondare.

Applicazione della funzione ARROTONDA.PER.DIF

Utilizzando la funzione ARROTONDA.PER.DIF, arrotonda il numero 1233.345 a una cifra decimale, due cifre decimali, all'intero più vicino, alla decina più vicina, alla centinaia più vicina e alla migliaia più vicina.

• Per arrotondare per difetto 1233.345 a una cifra decimale, usiamo =ARROTONDA.PER.DIF(A1,1)

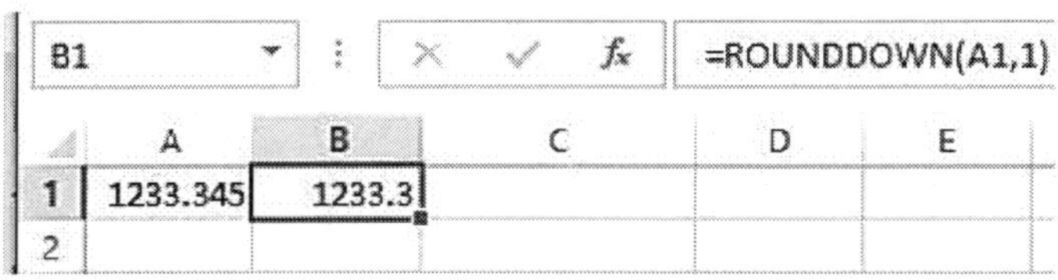

• Per arrotondare per difetto 1233.345 alla migliaia più vicina, usiamo =ARROTONDA.PER.DIF(A1,-3)

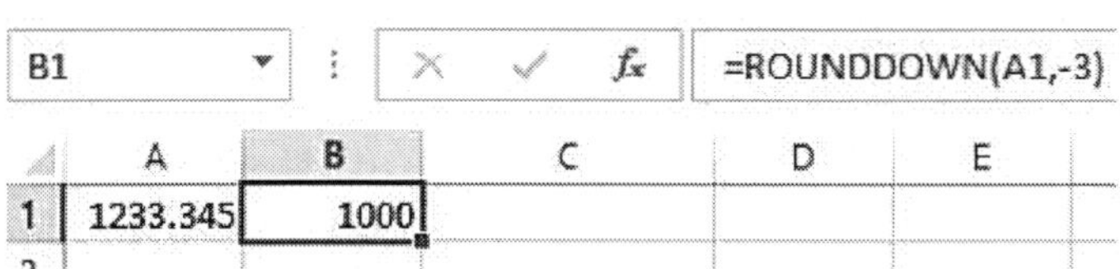

Funzione DATI.ORDINA (SORT)

La funzione DATI.ORDINA è utilizzata per ordinare una matrice o un range di dati in modo ascendente o discendente. Questa funzione accetta i seguenti argomenti:

```
=DATI.ORDINA(matrice; [indice_ordinamento]; [tipo_ordinamento]; [per_col])
```

- Matrice (Argomento obbligatorio): si tratta dell'insieme di dati o dell'intervallo che vuoi ordinare.

- indice_ordinamento (Argomento opzionale): indica quale colonna o riga utilizzare per l'ordinamento.

- tipo_ordinamento (Argomento opzionale): specifica il tipo di ordinamento, dove 1 è per ascendente e -1 per discendente. Se omesso, l'ordinamento è impostato per default su ascendente.

- per_col (Argomento opzionale): specifica se l'ordinamento dovrebbe essere per righe (FALSO) o per colonne (VERO).

Applicazione della funzione DATI.ORDINA

Supponiamo di avere una tabella e di voler utilizzare la funzione DATI.ORDINA per organizzare le celle in ordine crescente. Puoi seguire i passaggi seguenti:

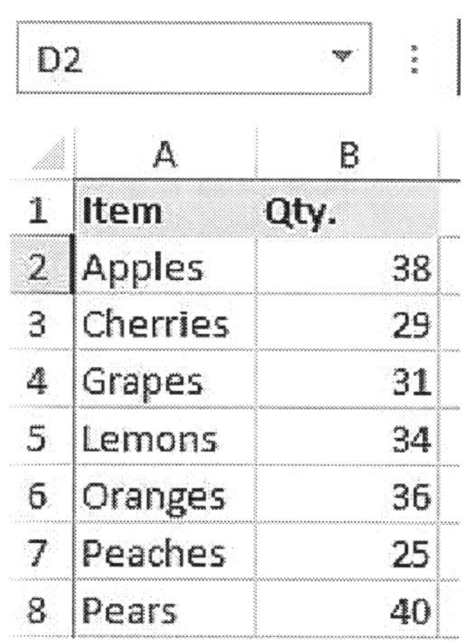

	A	B
1	Item	Qty.
2	Apples	38
3	Cherries	29
4	Grapes	31
5	Lemons	34
6	Oranges	36
7	Peaches	25
8	Pears	40

- Digita la funzione =DATI.ORDINA, seguita dall'intervallo dei dati (A2:B8), indice_ordinamento (2) e tipo_ordinamento (1). In sostanza, inserisci =DATI.ORDINA(A2:B8, 2, 1) in una cella vuota.

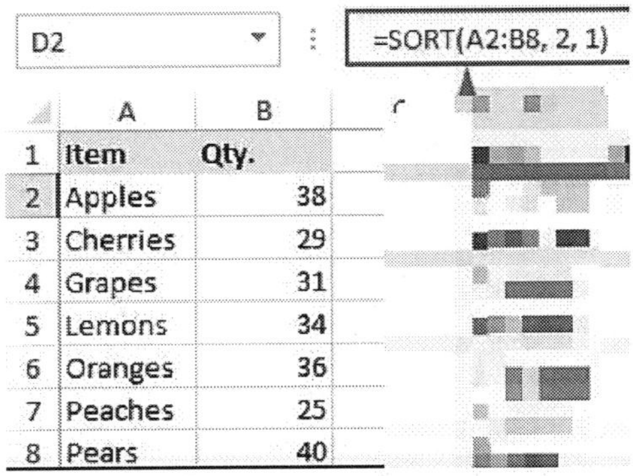
D2 | =SORT(A2:B8, 2, 1)

	A	B
1	Item	Qty.
2	Apples	38
3	Cherries	29
4	Grapes	31
5	Lemons	34
6	Oranges	36
7	Peaches	25
8	Pears	40

- Dopo aver premuto INVIO, i dati saranno ordinati in ordine crescente.

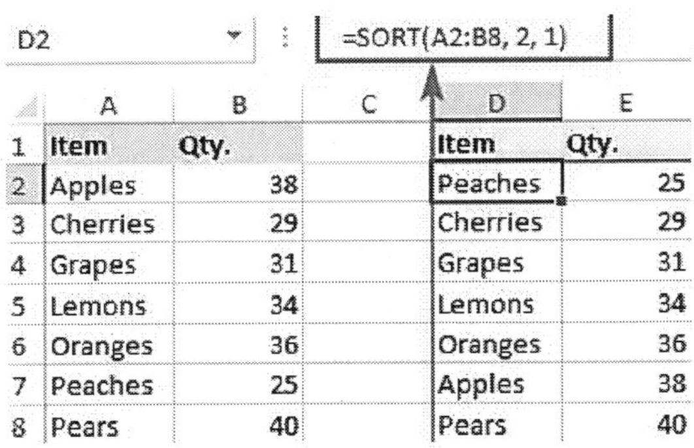
D2 | =SORT(A2:B8, 2, 1)

	A	B	C	D	E
1	Item	Qty.		Item	Qty.
2	Apples	38		Peaches	25
3	Cherries	29		Cherries	29
4	Grapes	31		Grapes	31
5	Lemons	34		Lemons	34
6	Oranges	36		Oranges	36
7	Peaches	25		Apples	38
8	Pears	40		Pears	40

Se invece desideri ordinare i dati in ordine decrescente, dalla più alta alla più bassa:

- Digita la funzione =DATI.ORDINA, seguita dall'intervallo dei dati (A2:B8), indice_ordinamento (2), e tipo_ordinamento (-1). In sostanza, inserisci =DATI.ORDINA(A2:B8, 2, -1) in una cella vuota.

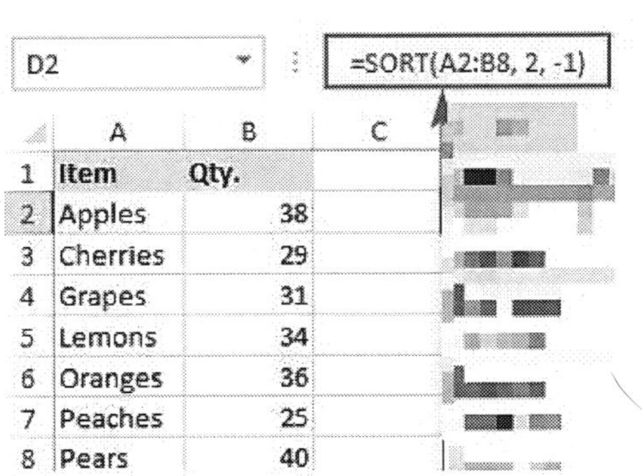
D2 | =SORT(A2:B8, 2, -1)

	A	B	C
1	Item	Qty.	
2	Apples	38	
3	Cherries	29	
4	Grapes	31	
5	Lemons	34	
6	Oranges	36	
7	Peaches	25	
8	Pears	40	

- Dopo aver premuto INVIO, i dati saranno ordinati in ordine decrescente.

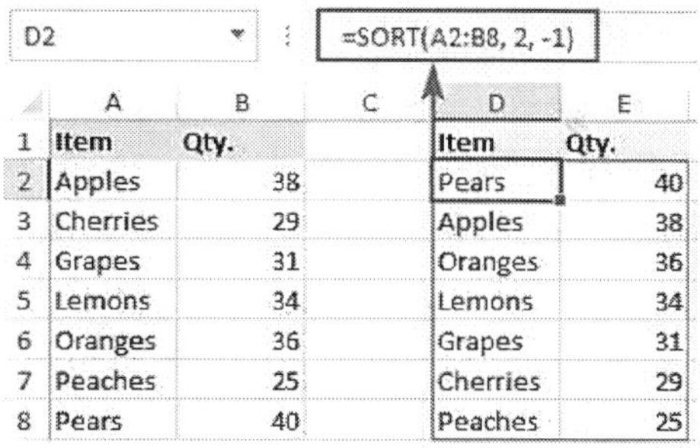

	A	B	C	D	E
1	Item	Qty.		Item	Qty.
2	Apples	38		Pears	40
3	Cherries	29		Apples	38
4	Grapes	31		Oranges	36
5	Lemons	34		Lemons	34
6	Oranges	36		Grapes	31
7	Peaches	25		Cherries	29
8	Pears	40		Peaches	25

Punti importanti da considerare quando si usa la funzione DATI.ORDINA:

- La funzione DATI.ORDINA ordina per default i valori in ordine ascendente, basandosi sulla prima colonna.

- Questa funzione è disponibile solo per gli utenti con un abbonamento a Microsoft 365.

- Quando i dati di origine vengono modificati, l'output dell'ordinamento cambia automaticamente in base ai nuovi dati.

Capitolo 7: Funzioni Statistiche

Le funzioni statistiche sono operazioni o procedure matematiche eseguite su un insieme di celle in un foglio di lavoro. A partire da Excel 2013, queste funzioni sono diventate disponibili e includono esempi come CONTA.NUMERI, CONTA.VALORI, MEDIA, tra gli altri.

Funzione CONTA.NUMERI (COUNT)

La funzione CONTA.NUMERI conta il numero di celle contenenti numeri e somma gli argomenti che sono cifre. La sintassi per la funzione è:

```
=CONTA.NUMERI(val1, [val2], ...)
```

Gli argomenti per la funzione CONTA.NUMERI sono:

- Val1 (Argomento obbligatorio): Si tratta dell'intervallo di celle che desideri analizzare per conteggiare quelle contenenti numeri.

- Val2 (Argomento facoltativo): Puoi includere fino a 255 ulteriori elementi, valori numerici o intervalli per contare le cifre al loro interno.

Applicazione di CONTA.NUMERI

Usando la funzione CONTA.NUMERI, possiamo conteggiare il numero di celle contenenti numeri nella tabella sottostante:

B7

	A	B	C
1	GOODS PURCHASED	PRICE	
2	JUG	450	
3	POTS	500	
4	CUTLERRIES	600	
5	SPOON	?	
6			

- Seleziona una cella vuota, inserisci il nome della funzione seguito dai suoi argomenti, ad esempio =CONTA.NUMERI(A2:B5).

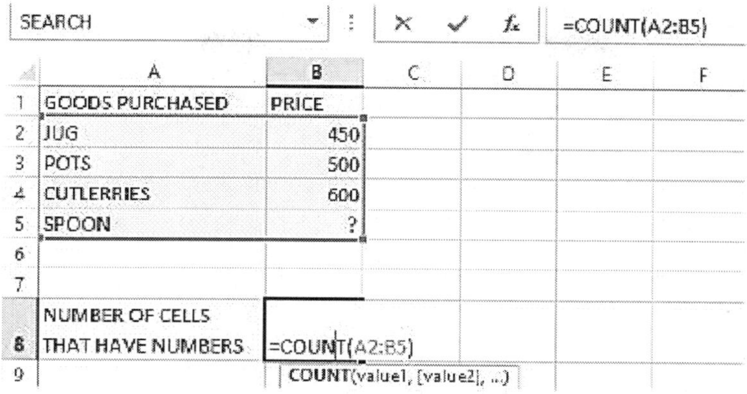

- Premendo INVIO, otterrai il risultato: 3.

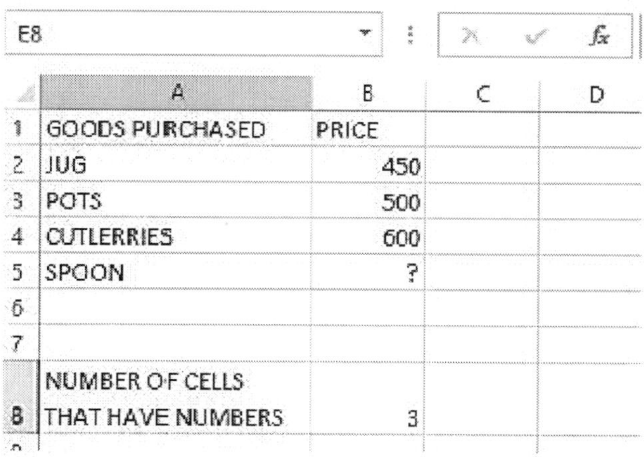

Considerazioni sull'uso della funzione CONTA.NUMERI:

- La funzione CONTA.NUMERI conteggia gli argomenti che sono numeri, date o testo che rappresenta numeri.

- CONTA.NUMERI non include argomenti che sono errori o valori testuali.

- Per contare i valori logici, utilizza la funzione CONTA.VALORI.

- Le funzioni CONTA.SE o SE possono essere utilizzate per conteggiare numeri basati su determinati criteri.

- La funzione CONTA.NUMERI non conteggia effettivamente i valori logici VERO o FALSO come valori numerici.

- Quando un riferimento o un elenco è un array o un indice, CONTA.NUMERI conteggia solo i numeri presenti.

Funzione CONTA.SE (COUNTIF)

La funzione CONTA.SE viene utilizzata per calcolare il numero di celle che soddisfano un criterio specifico. Può essere utilizzata per contare le celle contenenti date, numeri o testo. Questa funzione supporta inoltre l'utilizzo di operatori logici e caratteri jolly.

Gli argomenti per la funzione CONTA.SE sono i seguenti:

```
=CONTA.SE(intervallo, criterio)
```

- Intervallo (Argomento obbligatorio): Indica l'intervallo di celle da contare.

- Criterio (Argomento obbligatorio): Rappresenta la condizione che le celle devono soddisfare. I criteri possono includere valori numerici come interi, decimali, date o logici, e stringhe di testo con caratteri jolly come asterischi o punti interrogativi, ad esempio "Lunedì", "Est", "Prezzo".

Applicazione di CONTA.SE

Utilizzando la funzione CONTA.SE, possiamo contare quante volte il nome "James" appare nella colonna sottostante.

	A	B	C	D
1	YEAR	NAMES		
2	2001	James		
3	2002	James		
4	2003	Peter		
5	2004	Jasmine		
6	2006	Gregg		

Segui questi passaggi per calcolare quante volte il nome "James" appare nella colonna:

- Seleziona una cella vuota, inserisci il nome della funzione seguito dai suoi argomenti, ad esempio =CONTA.SE(B2:B6, "James").

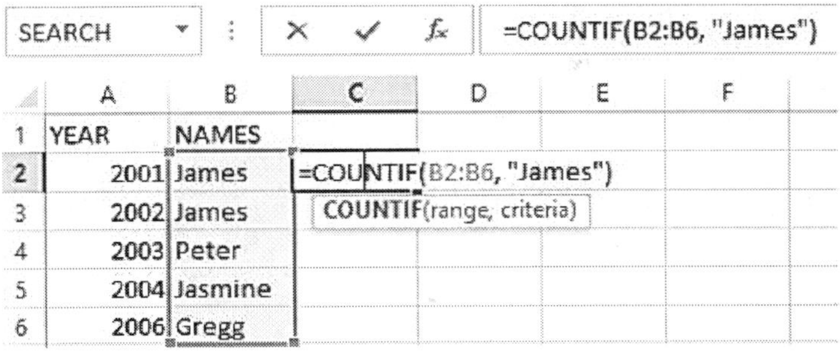

Consigli per l'uso della funzione CONTA.SE:

- Quando usi la funzione CONTA.SE, assicurati di racchiudere il criterio tra virgolette, come "James".

- Riceverai l'errore #VALORE! se il criterio è una stringa di testo più lunga di 255 caratteri.

- Se la tua formula fa riferimento a un intervallo di celle in un foglio di lavoro che è stato chiuso, riceverai un errore #VALORE!.

Funzione MEDIA (AVERAGE)

La funzione MEDIA viene utilizzata in un foglio di lavoro per calcolare la media aritmetica di un insieme di argomenti. Può accettare fino a 255 argomenti, che possono includere riferimenti alle celle, intervalli, array e costanti.

La sua sintassi è la seguente:

```
=MEDIA(num1, [num2], ...)
```

- num1 (Argomento obbligatorio): È il primo numero, riferimento a cella o intervallo all'interno del quale si desidera calcolare la media.

- num2 (Argomento facoltativo): Sono eventuali numeri aggiuntivi, riferimenti alle celle o intervalli per i quali si desidera calcolare la media, fino a un massimo di 255.

Applicazione della funzione MEDIA

Utilizzando la funzione MEDIA, possiamo trovare la media aritmetica dei prodotti venduti nella tabella sottostante.

D16 | fx

	A	B	C	D
1	COUNTRIES	GOODS SOLD		
2	GHANA	400		
3	NIGERIA	600		
4	KENYA	698		
5	GAMBIA	543		
6				

Per calcolare la media dei prodotti venduti usando la funzione MEDIA, segui questi passaggi:

- Seleziona una cella vuota e inserisci il nome della funzione e gli argomenti. Ad esempio, =MEDIA(B2:B5).

Considerazioni sull'uso della funzione MEDIA

- La funzione MEDIA ignora le celle vuote.

- Se un riferimento a cella in un argomento contiene testo o valori logici, la funzione MEDIA lo ignorerà. Tuttavia, le celle con un valore di zero saranno incluse nel calcolo.

- I numeri devono essere utilizzati negli argomenti che fanno riferimento alle celle.

- Puoi utilizzare la funzione MEDIA per includere i valori logici e le rappresentazioni testuali dei numeri come parte di un calcolo.

- Per calcolare la media basata su criteri specifici, utilizza le funzioni MEDIA.SE o MEDIA.PIÙ.SE.

Capitolo 8: Funzioni finanziarie

Le funzioni finanziarie di Excel forniscono una serie di strumenti per eseguire vari calcoli finanziari. Questi possono includere la stima dei rendimenti, il calcolo dei tassi di interesse, il calcolo del tasso interno di rendimento, la valutazione delle azioni, l'ammortamento delle attività, e altro ancora. Le funzioni finanziarie di Excel più comunemente utilizzate sono spiegate di seguito:

Funzione VA (PV - Present Value)

La funzione VA viene utilizzata per calcolare il valore attuale di un debito o di un investimento, basandosi su un tasso di interesse costante. È utile per valutare serie di pagamenti periodici, come mutui o altri investimenti, o una valutazione obiettivo dell'investimento.

La sintassi della funzione VA è la seguente:

=VA(tasso_int; periodi; pagam; [val_futuro]; [tipo])

- tasso_int: rappresenta il tasso di interesse applicato per ciascun periodo.

- periodi: indica il numero complessivo dei periodi di pagamento.

- pagam: corrisponde al pagamento che viene effettuato in ogni periodo.

- val_futuro: (facoltativo) descrive il valore finale o il saldo desiderato dopo l'effettuazione dell'ultimo pagamento. Se non specificato, si presuppone che sia zero.

- tipo: (facoltativo) determina il momento in cui sono dovuti i pagamenti. Se impostato a 0, i pagamenti sono dovuti alla fine del periodo, se impostato a 1, all'inizio del periodo. Il valore predefinito è 0.

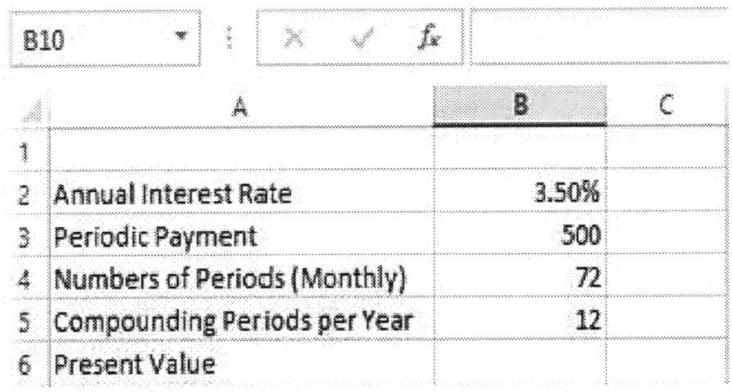

Per utilizzare la funzione VA, segui questi passaggi:

Inserisci la funzione e l'argomento in una cella vuota. Ad esempio, =VA (B2/B5, B4, B3,0,0).

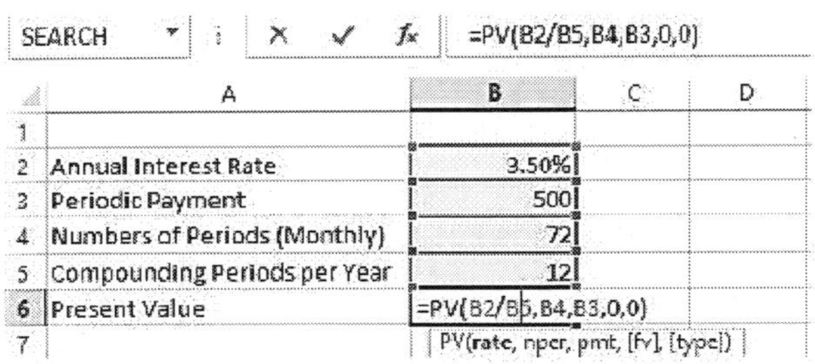

Quando si preme Invio, il valore attuale risulta essere -32.428,79£.

Funzione VAL.FUT (FV - Future Value)

La funzione VAL.FUT viene utilizzata per calcolare il valore futuro di un investimento o di un debito con un pagamento periodico fisso e un tasso di interesse costante.

La sintassi della funzione VAL.FUT è la seguente:

=VAL.FUT(tasso_int; periodi; pagam; [val_attuale]; [tipo])

- tasso_int: (obbligatorio) è il tasso di interesse composto per periodo.

- periodi: (obbligatorio) è il numero totale di periodi di pagamento.

- pagam: (opzionale) specifica l'ammontare del pagamento periodico. Se omesso, deve essere fornito l'argomento val_attuale.

- val_attuale: (opzionale) rappresenta il valore attuale dell'investimento o del prestito. Se l'argomento pagam non è specificato, deve essere fornito l'argomento val_attuale.

- tipo: (opzionale) specifica quando i pagamenti sono dovuti. 0 = alla fine del periodo, 1 = all'inizio del periodo. Il default è 0.

Per utilizzare la funzione VAL.FUT, segui questi passaggi:

Inserisci la funzione e l'argomento in una cella vuota. Ad esempio, =VAL.FUT (B3/B5, B4*B5,0, -B2).

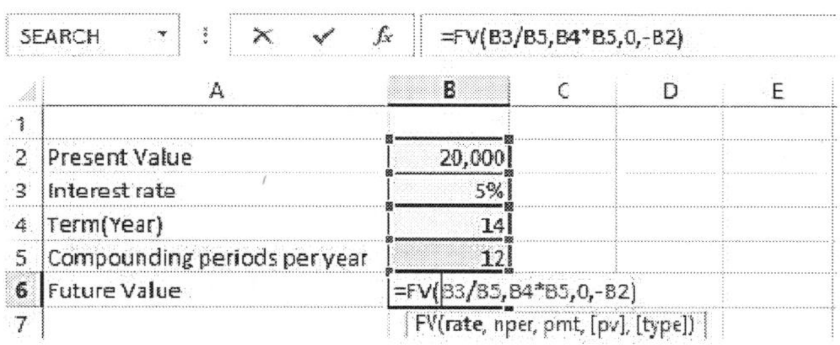

Funzione VAN (NPV)

La funzione VAN calcola il valore attuale netto di un investimento utilizzando un tasso di sconto specifico e una serie di potenziali flussi di cassa.

Ecco come è formulata la funzione:

```
=VAN(tasso_int; valore1; [valore2];...)
```

- tasso_int (argomento necessario): rappresenta il tasso di sconto applicato per tutta la durata dell'investimento.

- valore1 (argomento necessario): è il primo flusso di cassa della serie di pagamenti e incassi. I valori negativi indicano uscite di denaro, mentre i valori positivi indicano entrate.

- valore2 (argomento facoltativo): rappresenta i flussi di cassa successivi nella serie di pagamenti e incassi.

Per calcolare il valore attuale netto:

- Inserisci la funzione e i suoi argomenti in una cella vuota.

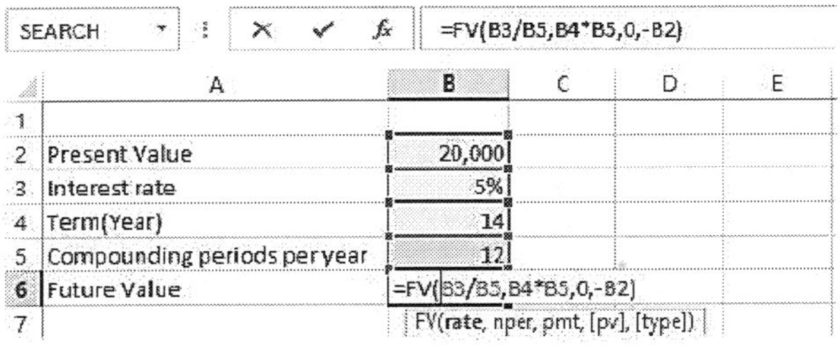

Funzione AMMORT.COST (SLN)

La funzione AMMORT.COST serve per calcolare l'ammortamento lineare di un bene per un dato periodo di tempo.

Questa funzione utilizza i seguenti argomenti:

```
=AMMORT.COST(costo; val_residuo; vita_utile)
```

- costo (argomento necessario): è il costo iniziale del bene.

- val_residuo (argomento necessario): è il valore residuo del bene alla fine del suo utilizzo, noto anche come valore di salvataggio.

- vita_utile (argomento necessario): è la durata dell'ammortamento del bene, noto anche come vita utile del bene.

Per calcolare l'ammortamento lineare del bene:

- Inserisci la funzione e i suoi argomenti in una cella vuota.

=AMMORT.COST (B3, B4, B5)

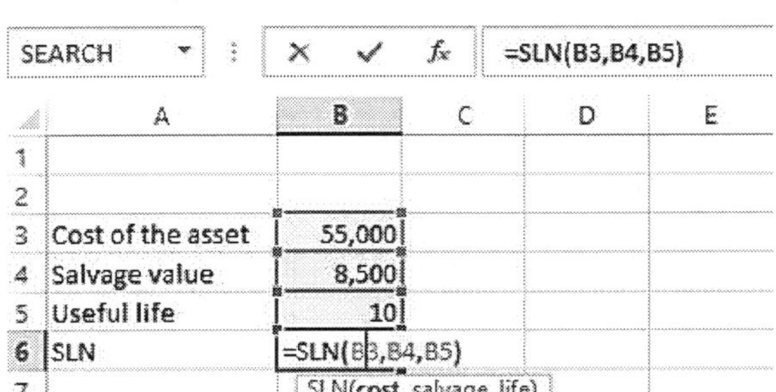

Funzione AMMORT.ANNUO (SYD)

La funzione AMMORT.ANNUO calcola l'ammortamento annuale di un bene per uno specifico periodo durante la sua vita utile. I parametri considerati includono il costo iniziale del bene, il suo valore di recupero e il numero di periodi di ammortamento.

Ecco la sintassi della funzione:

```
=AMMORT.ANNUO(costo; val_residuo; vita_utile; periodo)
```

- costo (argomento necessario): rappresenta il costo iniziale del bene.

- val_residuo (argomento necessario): indica il valore residuo del bene alla fine della sua vita utile, anche noto come valore di salvataggio.

- vita_utile (argomento necessario): è il numero di periodi durante i quali il bene viene ammortizzato, equivalente alla vita utile del bene.

- periodo (argomento necessario): rappresenta il periodo specifico per il quale si desidera calcolare l'ammortamento.

Per calcolare l'ammortamento annuale del bene:

- Inserisci la funzione e i suoi argomenti in una cella vuota.

=AMMORT.ANNUO (B2, B3, B4, B5)

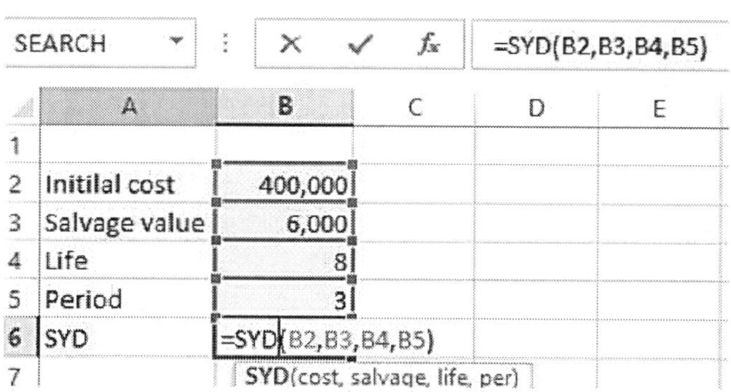

Capitolo 9: Funzioni Logiche

Le funzioni logiche fungono da strumenti di decisione che consentono di analizzare il contenuto di una cella, effettuare calcoli e confrontare il risultato con un valore prefissato. Possono essere utilizzate per stabilire se una determinata condizione sia vera o falsa, e i risultati possono essere utilizzati per la visualizzazione dei dati o per ulteriori calcoli. Esempi di queste funzioni includono SE, NON, O, PIÙ.SE, e molte altre.

Funzione SE (IF)

La funzione SE è un controllo condizionale che restituisce un valore se la condizione è verificata e un altro valore se non lo è. Questa funzione consente di confrontare un valore con quello atteso.

La funzione SE accetta i seguenti argomenti:

```
=SE(test_logico; [valore_se_vero]; [valore_se_falso])
```

- test_logico (Argomento obbligatorio): Questo è il valore o l'espressione da verificare, il quale viene valutato come VERO o FALSO.

- valore_se_vero (Argomento facoltativo): Questo è il valore che sarà restituito se il test_logico risulta VERO.

- valore_se_falso (Argomento facoltativo): Questo è il valore che sarà restituito se il test_logico risulta FALSO.

Questa funzione può essere utilizzata con i seguenti operatori logici:

```
= uguale a
> maggiore di
> minore di
>= maggiore o uguale a
<= minore o uguale a
<> diverso da
```

Ad esempio, per verificare se il valore della cella A2 è superiore a 500,

scrivi: =SE(A2>500,"Sì", "No")

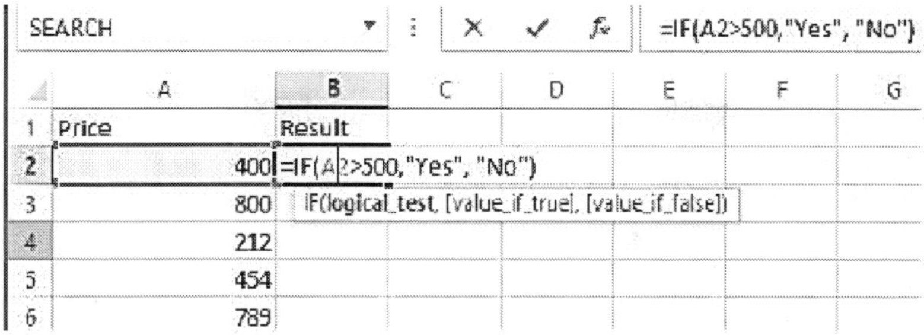

Seguendo lo stesso schema, puoi ottenere il valore per A3 fino a B6 scrivendo: =SE(A3>500,"Sì","No"), =SE(A4>500,"Sì","No"), =SE(A5>500,"Sì", "No"), =SE(A6>500,"Sì", "No"), rispettivamente.

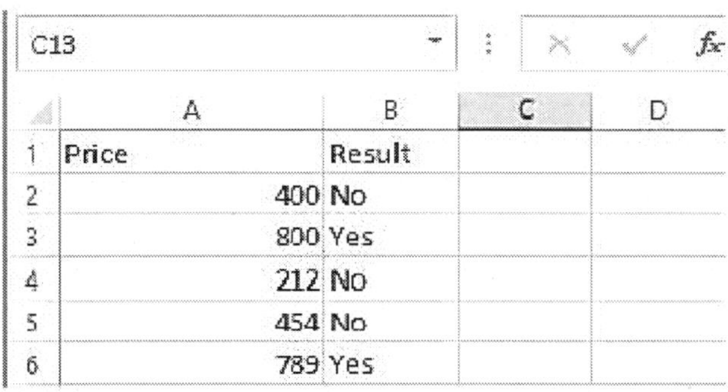

Funzione SE.ERRORE (IFERROR)

La funzione SE.ERRORE viene utilizzata per personalizzare la risposta in caso di errore generato da una formula. Essa permette di catturare e gestire gli errori senza la necessità di usare una serie di istruzioni IF annidate.

La funzione SE.ERRORE considera i seguenti argomenti:

```
=SE.ERRORE(valore; valore_se_errore)
```

- valore (argomento obbligatorio): Questo è un valore o un'espressione che viene valutata per controllare la presenza di errori.

- valore_se_errore (argomento obbligatorio): Questo è il valore che sarà restituito se l'espressione o il valore iniziale causa un errore.

La funzione SE.ERRORE può essere utilizzata per sostituire i messaggi di errore con un avviso personalizzato, come "Dati non validi".

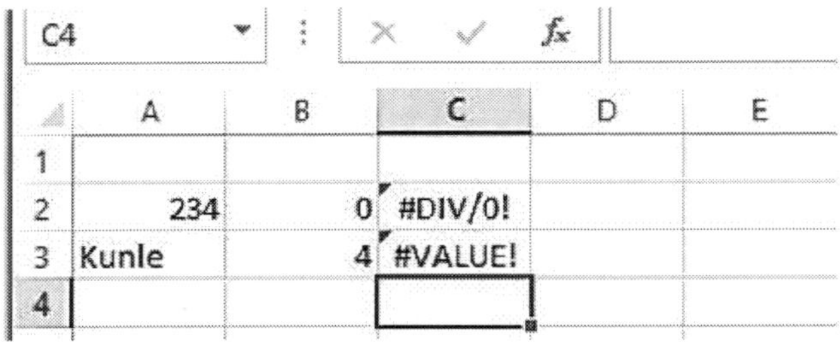

Per gestire un potenziale errore nella cella C2, si possono seguire i seguenti passaggi:

- Inserire la funzione con i relativi argomenti in una cella vuota.

=SE.ERRORE (A2/B2, "Dati non validi")

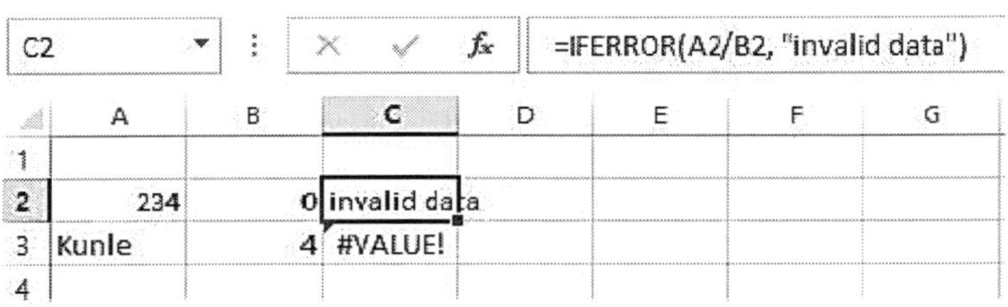

Funzione E (AND)

La Funzione E è utilizzata per determinare se tutte le condizioni presenti in un dato set di dati sono soddisfatte. Restituirà un valore FALSO se anche solo una condizione non è rispettata. Ad esempio, può essere usata per verificare se B1 è sia superiore a 50 che inferiore a 100. Gli argomenti di questa funzione sono i seguenti:

```
=E(logico1; [logico2]; ...)
```

- logico1 (Argomento obbligatorio): Questo rappresenta il primo criterio o il primo valore logico che sarà valutato.

- logico2 (Argomento opzionale): Questo rappresenta il secondo criterio o il secondo valore logico da valutare.

Per ottenere il risultato da una tabella come quella sopra citata:

- Inserisci la funzione e i suoi argomenti in una cella vuota.

=E(A2>67, A2<A3)

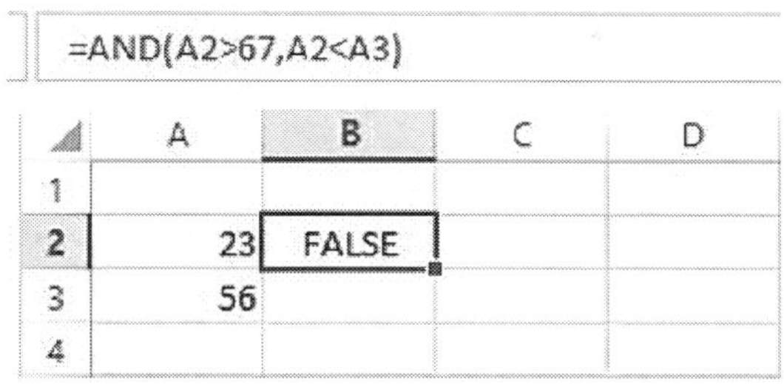

Nella tabella di esempio sopra, la funzione E restituisce FALSO perché una delle condizioni non è soddisfatta - A2 non è superiore a 67. Tuttavia, la funzione E restituirà VERO quando tutte le condizioni nel set di dati saranno soddisfatte, come mostrato nell'esempio di tabella successivo.

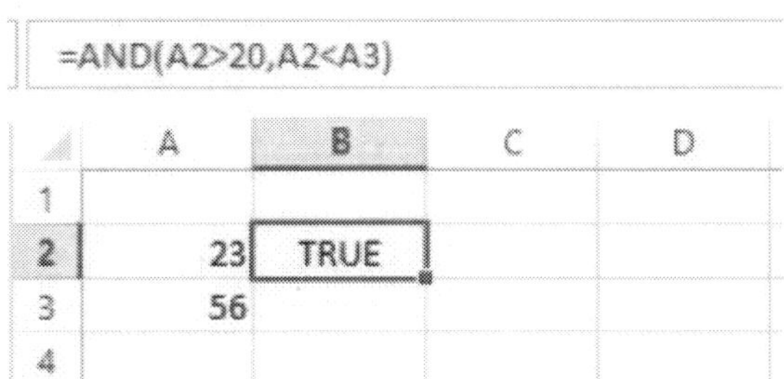

Funzione O (OR)

La Funzione O è un operatore logico che restituisce il valore VERO se almeno una delle condizioni specificate è rispettata, e restituirà il valore FALSE solo se tutte le condizioni sono false. Questo differisce dalla Funzione E, che richiede che tutte le condizioni siano vere per restituire un valore VERO. Gli argomenti della Funzione O sono i seguenti:

```
=O(logico1; [logico2]; ...)
```

- logico1 (Argomento obbligatorio): Questo rappresenta il primo criterio o valore logico da valutare.

- logico2 (Argomento opzionale): Questo rappresenta il secondo criterio o valore logico da valutare.

Per trarre un risultato da una tabella come quella precedentemente citata:

- Inserisci la funzione e i suoi argomenti in una cella vuota =O(A2>30, B2<50, B3=45)

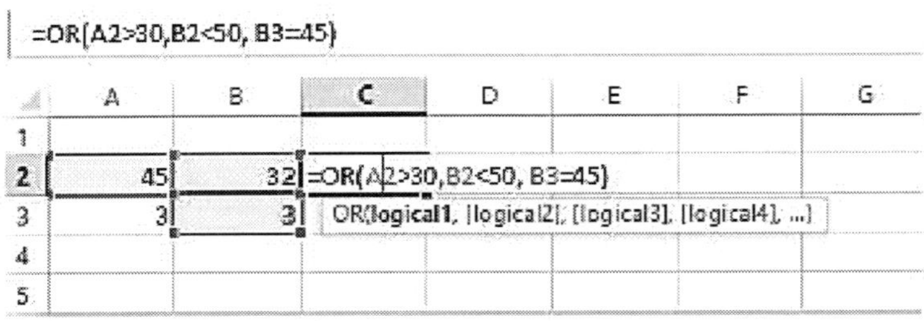

Dopo aver premuto Invio, vedrai che il risultato restituito sarà VERO, come si può vedere nell'esempio della tabella sottostante.

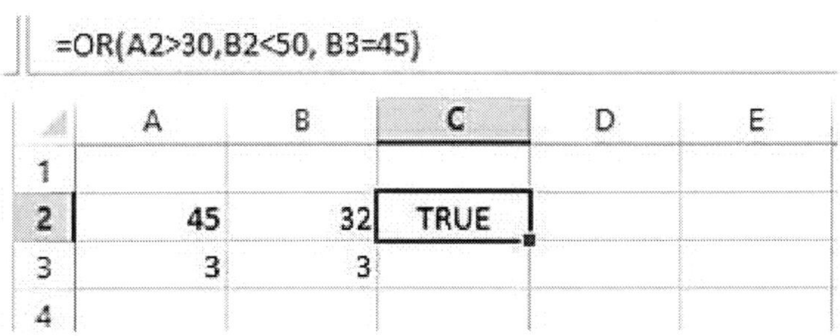

Capitolo 10: Funzioni di Ricerca e Riferimento

Le funzioni di ricerca sono strumenti efficaci per localizzare e ottenere informazioni da un insieme di dati o una tabella all'interno di un foglio di lavoro o un'intera cartella di lavoro. Queste includono funzioni come CERCA.ORIZZ e CERCA.VERT.

D'altra parte, le funzioni di riferimento restituiscono informazioni relative ai riferimenti di celle, come l'indirizzo completo, la riga o la colonna. Funzioni come INDIRIZZO e RIF.RIGA rientrano in questa categoria.

Esaminiamo ora le funzioni di ricerca e riferimento e come possono essere applicate in un foglio di lavoro.

Funzione CERCA.VERT (VLOOKUP)

La funzione CERCA.VERT (VLOOKUP), acronimo di "vertical lookup" (ricerca verticale), permette di cercare un dato specifico nella prima colonna di un set di dati o di una tabella, e di ottenere o restituire informazioni corrispondenti nella stessa riga ma da un'altra colonna del medesimo set di dati o tabella.

La funzione CERCA.VERT si basa sui seguenti argomenti:

```
=CERCA.VERT(valore; matrice_tabella; indice; [intervallo])
```

- valore (argomento obbligatorio): È il valore da ricercare nella prima colonna della tabella o del set di dati.

- matrice_tabella (argomento obbligatorio): È l'array di dati o la tabella in cui il valore sarà cercato nella colonna più a sinistra.

- indice (argomento obbligatorio): Indica il numero della colonna nell'ambito del set di dati o della tabella da cui restituire il valore corrispondente.

- intervallo (argomento opzionale): Questo parametro stabilisce se la funzione CERCA.VERT debba cercare una corrispondenza esatta o approssimata. Il suo valore può essere VERO o FALSO. VERO indica che è accettabile una corrispondenza approssimata, restituendo il valore più vicino se una corrispondenza esatta non è trovata. FALSO richiede una corrispondenza esatta, e restituirà un errore #N/A se non è possibile trovarne una.

Per utilizzare la funzione CERCA.VERT e trovare il valore "Yam" nella tabella di esempio seguente, procedi nel seguente modo:

- Seleziona una cella vuota, quindi inserisci la funzione e il valore da cercare. In questo caso, la cella di ricerca è A12, che contiene "Yam".

=CERCA.VERT (A12, ...)

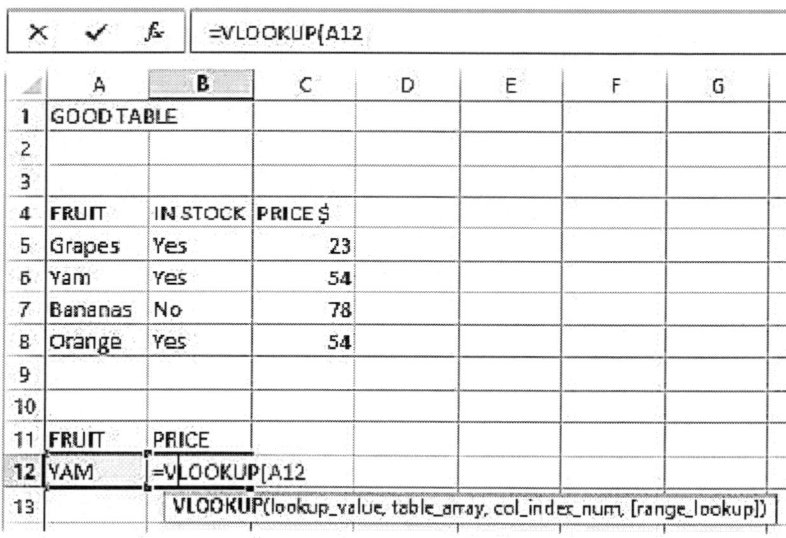

Funzione CERCA.ORIZZ (HLOOKUP)

La funzione CERCA.ORIZZ (HLOOKUP), acronimo di "horizontal lookup" (ricerca orizzontale), permette di cercare un valore specifico nella riga superiore di un set di dati o di una tabella. Successivamente, questa restituisce un valore corrispondente nella stessa colonna, ma da una riga diversa, all'interno del medesimo set di dati o tabella.

La funzione CERCA.ORIZZ utilizza i seguenti argomenti per eseguire le sue operazioni:

```
=CERCA.ORIZZ(Valore; Matrice_tabella; Indice; [Intervallo])
```

- Valore (argomento obbligatorio): è il dato da cercare nella prima riga del set di dati.

- Matrice_tabella (argomento obbligatorio): rappresenta l'area del foglio di calcolo che contiene i dati da cercare.

- Indice (argomento obbligatorio): è il numero della riga dalla quale si desidera ottenere il valore corrispondente.

- Intervallo è un parametro opzionale, indicato tra parentesi quadre nella sintassi.

Per calcolare il punteggio complessivo di Joy in Matematica, segui i passaggi seguenti:

• Scegli una cella vuota e inserisci la funzione insieme al valore da cercare. In questo caso, la cella di ricerca è B1, che contiene il nome "Joy".

=CERCA.ORIZZ (B1, ...)

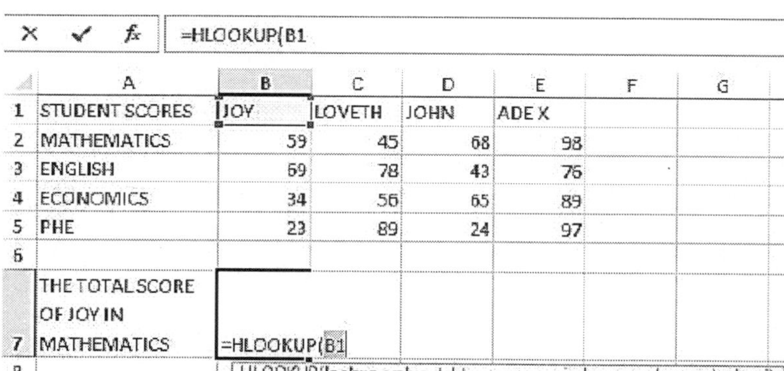
=HLOOKUP(B1

	A	B	C	D	E	F	G
1	STUDENT SCORES	JOY	LOVETH	JOHN	ADE X		
2	MATHEMATICS	59	45	68	98		
3	ENGLISH	69	78	43	76		
4	ECONOMICS	34	56	65	89		
5	PHE	23	89	24	97		
6							
7	THE TOTAL SCORE OF JOY IN MATHEMATICS	=HLOOKUP(B1					
8		HLOOKUP(lookup_value, table_array, row_index_num, [range_lookup])					

L'ultimo passaggio opzionale consiste nel specificare a Excel se si sta cercando una corrispondenza approssimata o esatta, inserendo VERO o FALSO.

= CERCA.ORIZZ (B1, A1:E5,3, FALSO) oppure =CERCA.ORIZZ (B1, A1:E5,3, VERO)

Ricorda, l'inserimento di FALSO implica la ricerca di una corrispondenza esatta, mentre VERO permette una corrispondenza approssimata.

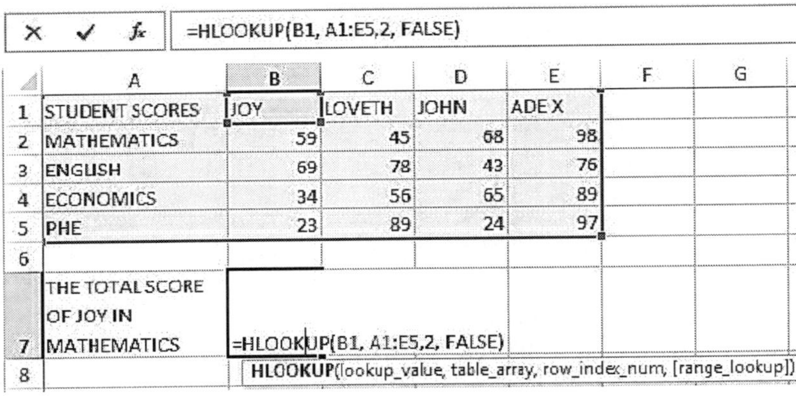
=HLOOKUP(B1, A1:E5,2, FALSE)

	A	B	C	D	E	F	G
1	STUDENT SCORES	JOY	LOVETH	JOHN	ADE X		
2	MATHEMATICS	59	45	68	98		
3	ENGLISH	69	78	43	76		
4	ECONOMICS	34	56	65	89		
5	PHE	23	89	24	97		
6							
7	THE TOTAL SCORE OF JOY IN MATHEMATICS	=HLOOKUP(B1, A1:E5,2, FALSE)					
8		HLOOKUP(lookup_value, table_array, row_index_num, [range_lookup])					

Funzione MATR.TRASPOSTA (TRANSPOSE)

La funzione MATR.TRASPOSTA è un metodo utile per cambiare l'orientamento di una matrice o di un intervallo. Essa permette di convertire un intervallo di celle disposte verticalmente in un intervallo disposto orizzontalmente, e viceversa.

L'operazione MATR.TRASPOSTA richiede un solo argomento:

```
=MATR.TRASPOSTA(matrice)
```

- "Matrice" rappresenta l'insieme di celle o l'array che si vuole trasporre, cioè capovolgere nell'orientamento.

Per utilizzare la funzione MATR.TRASPOSTA, segui i seguenti passaggi:

- Prima di tutto, scegli un insieme di celle vuote. Ricorda, il numero di celle selezionate dovrebbe corrispondere al numero di celle nell'array originale, ma in orientamento inverso.

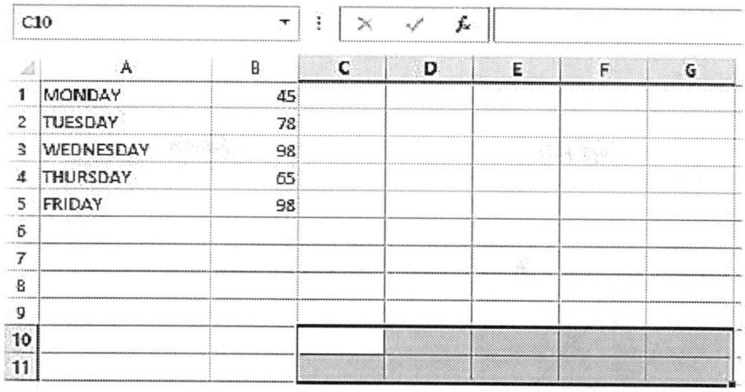

- Una volta selezionate le celle vuote, digita =MATR.TRASPOSTA.

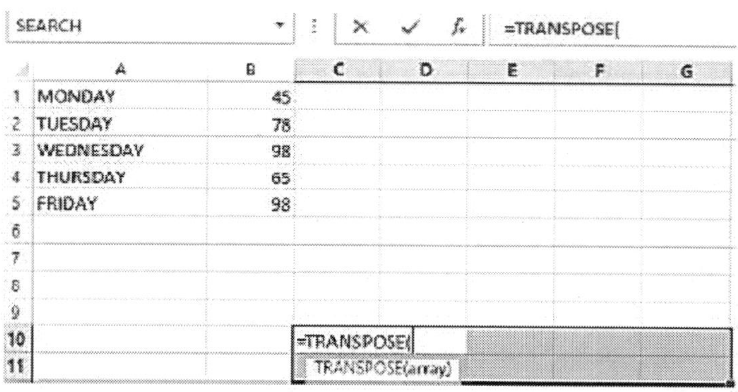

- Inserisci nel comando MATR.TRASPOSTA l'intervallo delle celle originale che intendi trasporre.

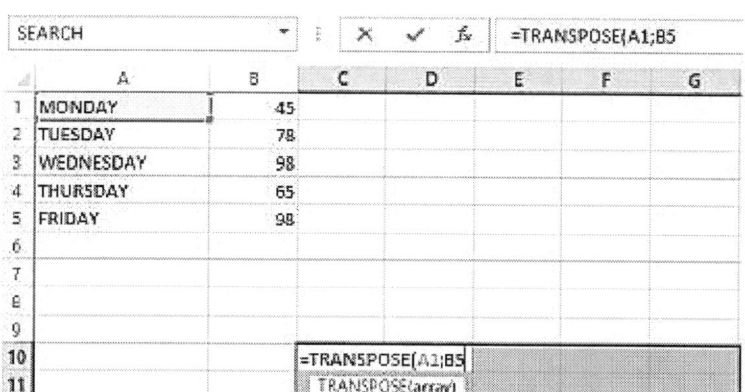

•	Infine, premi CTRL+SHIFT+INVIO. Questa combinazione di tasti completerà l'operazione e trasporrà l'intervallo di celle scelto.

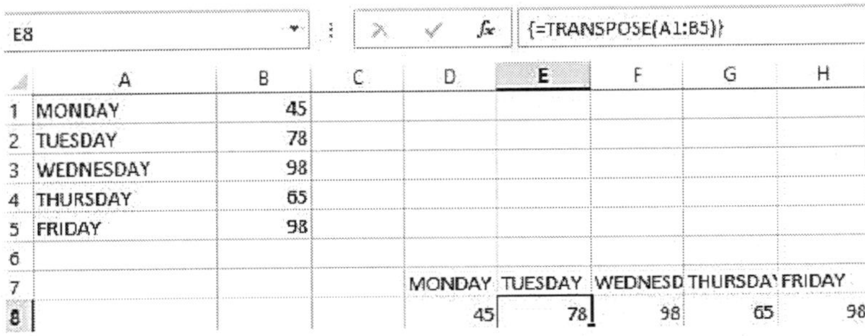

La funzione MATR.TRASPOSTA è particolarmente utile quando si lavora con grandi set di dati e si desidera cambiare rapidamente l'orientamento delle informazioni.

Funzione ANNULLA.SPAZI (TRIM)

La funzione ANNULLA.SPAZI elimina tutti gli spazi superflui da un testo, lasciando soltanto un singolo spazio tra le parole e nessuno spazio iniziale o finale. Per funzionare, la funzione ANNULLA.SPAZI necessita di un solo argomento.

Per rimuovere spazi inutili da un testo in una tabella, esegui i seguenti passaggi:

•	Inserisci la funzione e il suo argomento in una cella vuota:

```
=ANNULLA.SPAZI(Testo)
```

- "Testo" rappresenta la stringa di caratteri dalla quale vuoi rimuovere gli spazi eccessivi.

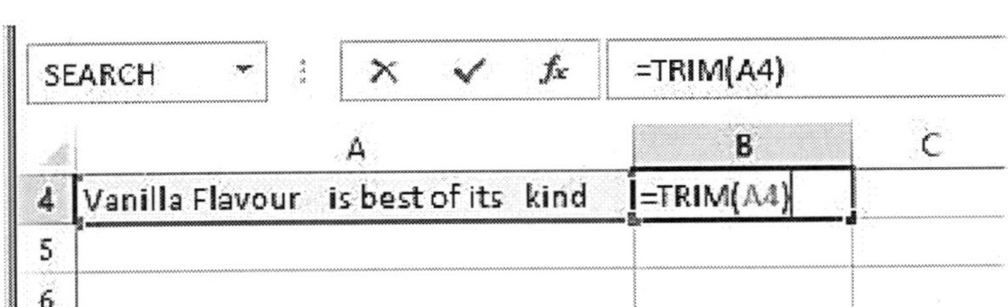

• Dopo aver premuto Invio, vedrai che tutti i testi sono stati consolidati in un'unica stringa senza spazi superflui, come mostrato nella tabella sottostante.

La funzione ANNULLA.SPAZI è particolarmente utile quando si lavora con grandi quantità di testo importato o copiato da altre fonti, che può spesso includere spazi inutili. Con questa funzione, è possibile pulire rapidamente i dati e renderli più facili da leggere e analizzare.

Funzione TESTO.UNISCI (TEXTJOIN)

La funzione TESTO.UNISCI è un potente strumento di Excel che consente di combinare o unire valori provenienti da diverse celle o intervalli, utilizzando un delimitatore specificato per separare ciascun valore. Questa funzione è stata introdotta in Microsoft Excel 2016. Per operare, la funzione TESTO.UNISCI richiede i seguenti argomenti:

```
TESTO.UNISCI(delimitatore; ignora_vuote; testo1; [testo2]; …)
```

- delimitatore: il carattere o la stringa di testo utilizzata per separare ciascun elemento.

- ignora_vuote: parametro che decide se ignorare o no le celle vuote.

- testo1: rappresenta il primo valore o intervallo di testo da unire.

- testo2: (opzionale) rappresenta il secondo valore o intervallo di testo da unire.

Per utilizzare la funzione TESTO.UNISCI e unire i testi presenti in una tabella, segui questi passaggi:

• Inserisci la funzione e i suoi argomenti in una cella vuota, ad esempio: =TESTO.UNISCI (",", VERO, A2, A3, A4, A5, A6)

• Dopo aver premuto invio, vedrai che i testi sono stati fusi in un'unica stringa, separati dal delimitatore scelto, come mostrato nella tabella sottostante.

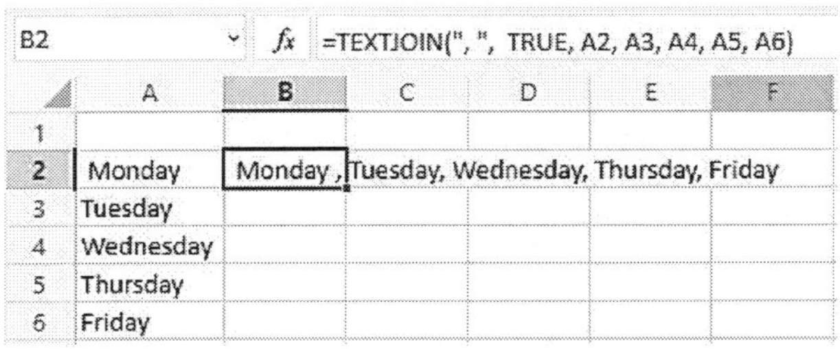

La funzione TESTO.UNISCI è estremamente utile quando è necessario consolidare o riorganizzare dati da diverse celle o intervalli in un unico luogo.

Funzione MAIUSC.INIZ (PROPER)

La funzione MAIUSC.INIZ di Excel è utilizzata per convertire il primo carattere di ogni parola in un testo in maiuscolo, mentre tutti gli altri caratteri rimangono in minuscolo. Questo è particolarmente utile quando si desidera standardizzare la presentazione dei dati testuali.

Questa funzione richiede un unico argomento:

```
=MAIUSC.INIZ(testo)
```

- Testo: è la stringa di testo in cui si desidera convertire in maiuscolo il primo carattere di ogni parola.

Per utilizzare la funzione MAIUSC.INIZ e convertire il testo nel formato corretto, segui questi passaggi:

- Inserisci la funzione e i suoi argomenti in una cella vuota, ad esempio: =MAIUSC.INIZ(A2)

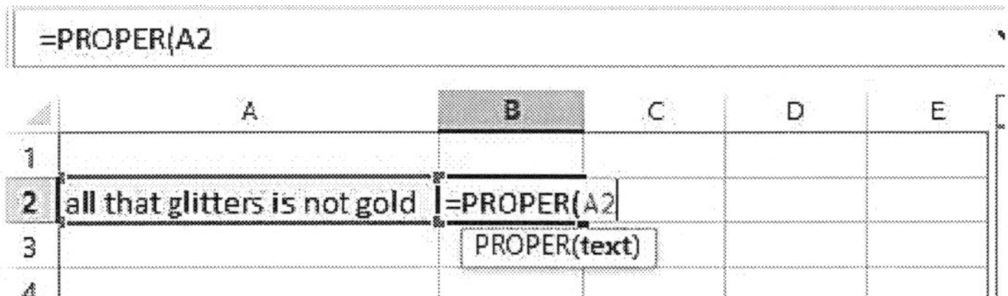

•	Dopo aver premuto Invio, vedrai che la stringa di testo viene convertita in modo che la prima lettera di ogni parola sia in maiuscolo, come illustrato nella tabella sottostante.

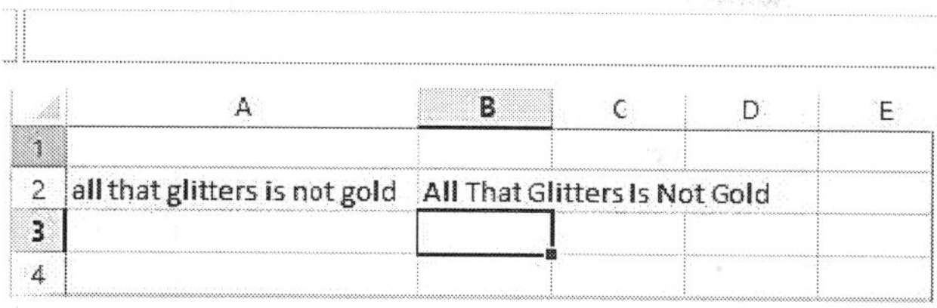

La funzione MAIUSC.INIZ di Excel è uno strumento semplice ma potente per garantire la coerenza e la professionalità nella presentazione dei tuoi dati.

Funzione MINUSC (LOWER)

La funzione MINUSC di Excel è uno strumento utilizzato per convertire tutti i caratteri di una stringa di testo o un riferimento di cella in minuscolo. Questo può essere utile quando si desidera normalizzare o standardizzare la presentazione del testo.

La funzione MINUSC richiede un solo argomento: =MINUSC(testo)

- Testo: è la stringa di testo o il riferimento alla cella che desideri convertire in minuscolo.

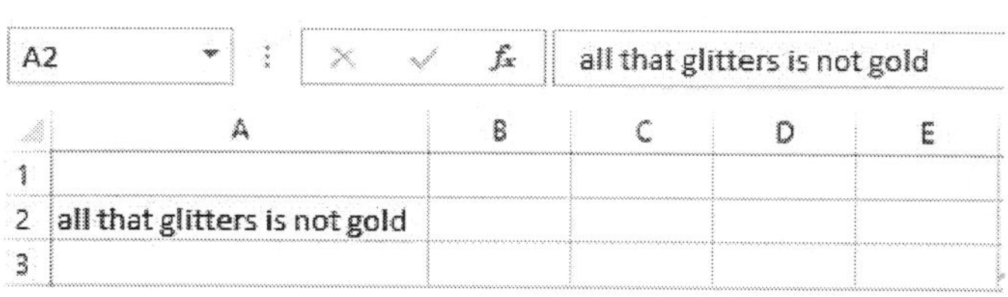

Per utilizzare la funzione MINUSC, segui i seguenti passaggi:

•	Inserisci la funzione e il suo argomento in una cella vuota. Ad esempio: =MINUSC(A2).

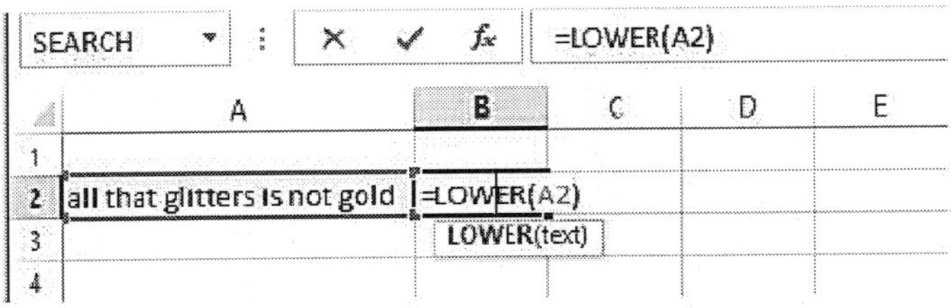

- Una volta premuto Invio, la stringa di testo verrà convertita in caratteri minuscoli, come mostrato nella tabella di seguito.

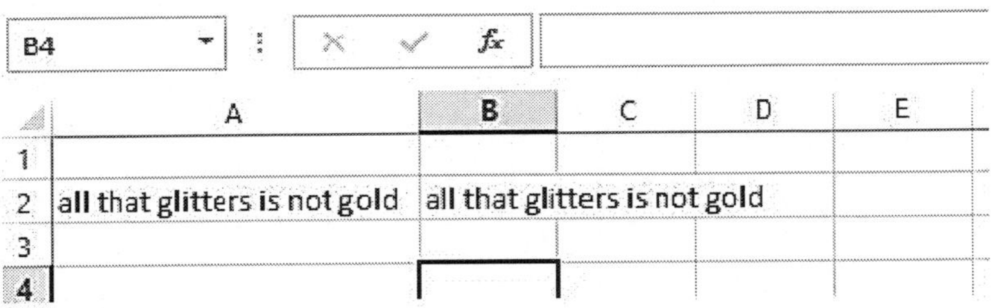

Utilizzando la funzione MINUSC, è possibile garantire una presentazione uniforme dei dati testuali, rendendo il tuo foglio di lavoro più pulito e professionale.

Capitolo 11: Funzioni di Data e Ora

In questa sezione, esploreremo le varie funzioni di data e ora offerte da Excel e come possono essere applicate. Ma prima, è importante comprendere il formato di data in Excel.

Formato della Data

Nel contesto di Excel, una data è un numero che può essere formattato in vari modi, proprio come un numero in formato percentuale. Una data in Excel rappresenta il numero di giorni trascorsi dal 1 gennaio 1900. Quando inserisci una data in una cella, viene visualizzata nel formato gg/mm/aa.

Esistono due modi principali per visualizzare la data:

- Data lunga (Long Date)
- Data breve (Short Date)

Queste opzioni possono essere trovate nel menu a tendina Formato Numero sul nastro di Excel.

Funzione GIORNO (DAY)

La funzione GIORNO restituisce il giorno di una data, che è visualizzato come un numero intero tra 1 e 31.

La sintassi per la funzione GIORNO è la seguente:

```
=GIORNO(num_seriale)
```

- Num_seriale (argomento necessario): Questo è il riferimento alla data di cui stai cercando il giorno. Puoi inserire direttamente un numero seriale, un riferimento a una cella contenente una data, o il risultato di altre funzioni di Excel che restituiscono date.

Per determinare il giorno di una data in una cella A2, utilizza la seguente formula:

- Inserisci la funzione e il riferimento alla cella in una cella vuota: =GIORNO(A2).
- Premendo Invio, la funzione restituirà il giorno della data, come si può vedere nella tabella sottostante.

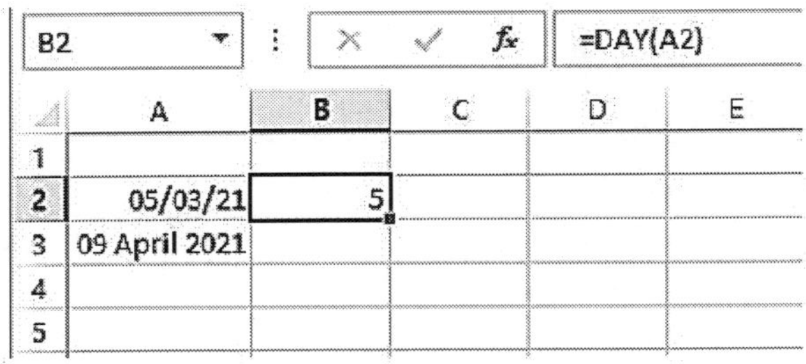

Per ottenere il giorno da una data in un'altra cella, come A3, segui un procedimento simile:

- Scegli una cella vuota e inserisci la funzione e il riferimento appropriato: =GIORNO(A3).

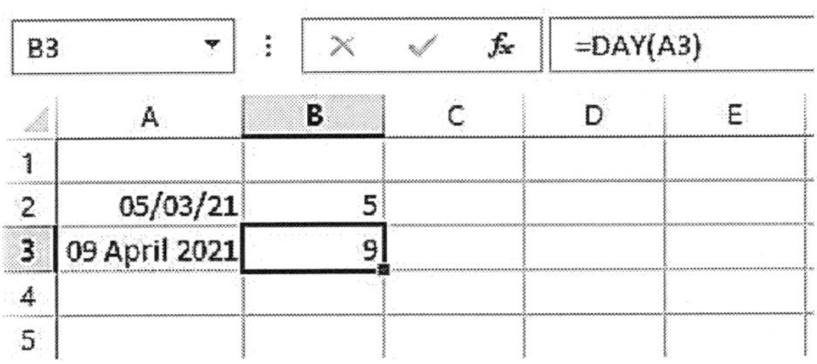

Funzione MESE (MONTH)

La funzione MESE restituisce il mese di una data rappresentata da un numero di serie. Il mese viene restituito come un numero intero compreso tra 1 e 12.

La funzione MESE opera con la seguente sintassi:

=MESE(num_seriale)

- num_seriale (argomento necessario): È la data del cui mese si vuole avere informazione. Si può utilizzare un numero di serie, un riferimento a celle che contengono date, o il risultato di altre funzioni di Excel che restituiscono date.

Per ottenere il mese di una data presente nella cella A2, è possibile utilizzare la formula sottostante:

- Inserisci la funzione e il riferimento alla cella in una cella vuota: =MESE(A2).
- Dopo aver premuto Invio, la funzione restituirà il mese della data, come si può vedere nella tabella sottostante.

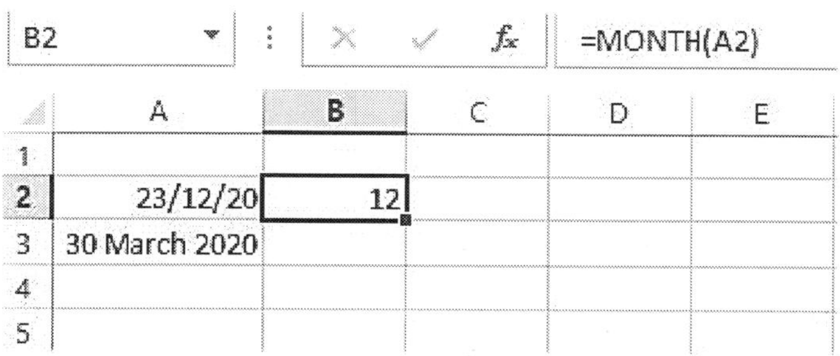

Per determinare il giorno di una data in un'altra cella, come A3, segui un processo simile:

- Scegli una cella vuota e inserisci la funzione e il riferimento appropriato: =GIORNO(A3).
- Una volta premuto Invio, la funzione restituirà il giorno della data, come evidenziato nella tabella sottostante.

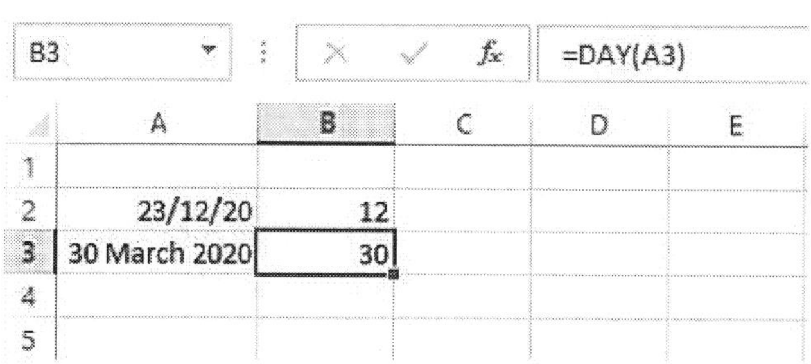

Funzione ANNO (YEAR)

La funzione ANNO restituisce un numero intero di quattro cifre che rappresenta l'anno di una data specificata. Ad esempio, se si utilizza questa funzione su una data come 11/11/2021, si otterrà come risultato l'anno 2021.

La funzione ANNO richiede un solo argomento:

=ANNO(num_seriale)

- num_seriale (argomento necessario): Si tratta della data per la quale si desidera ottenere l'anno. Si può utilizzare un numero di serie, un riferimento a celle che contengono date, o il risultato di altre funzioni di Excel che restituiscono date.

Per determinare l'anno di una data nella cella A2, è possibile utilizzare la seguente formula:

- Inserisci la funzione e il riferimento alla cella in una cella vuota: =ANNO(A2).

- Dopo aver premuto Invio, la funzione restituirà l'anno della data, ovvero 2020, come si può vedere nella tabella sottostante.

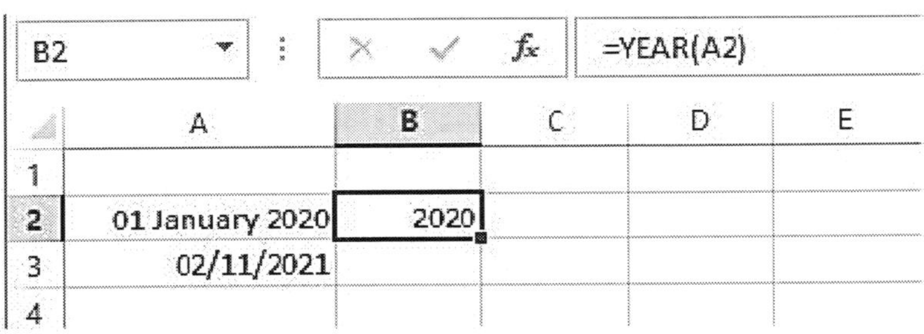

Per ottenere l'anno di una data in un'altra cella, come A3, segui un processo simile:

- Scegli una cella vuota e inserisci la funzione e il riferimento appropriato: =ANNO(A3).

- Dopo aver premuto Invio, la funzione restituirà l'anno della data, ovvero 2021, come evidenziato nella tabella sottostante.

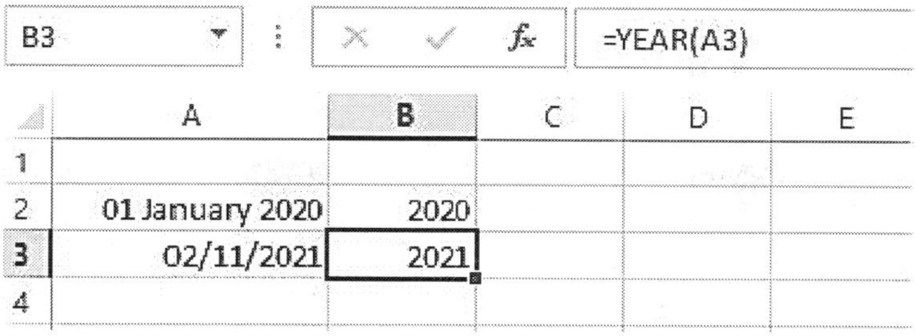

Funzione DATA (DATE)

La funzione DATA crea una data corretta utilizzando come input i componenti separati dell'anno, del mese e del giorno.

Questa funzione utilizza i seguenti argomenti:

```
=DATA(anno; mese; giorno)
```

- anno (argomento necessario): rappresenta l'anno e può essere un numero da una a quattro cifre.

- mese (argomento necessario): rappresenta il mese ed è un numero positivo o negativo da 1 a 12 (gennaio a dicembre).

- giorno (argomento necessario): rappresenta il giorno del mese ed è un numero da 1 a 31.

Per ottenere la data dalle celle A2, B2, e C2, utilizza la formula seguente.

- Scegli una cella vuota, inserisci la funzione con i relativi argomenti: =DATA(A2, B2, C2)

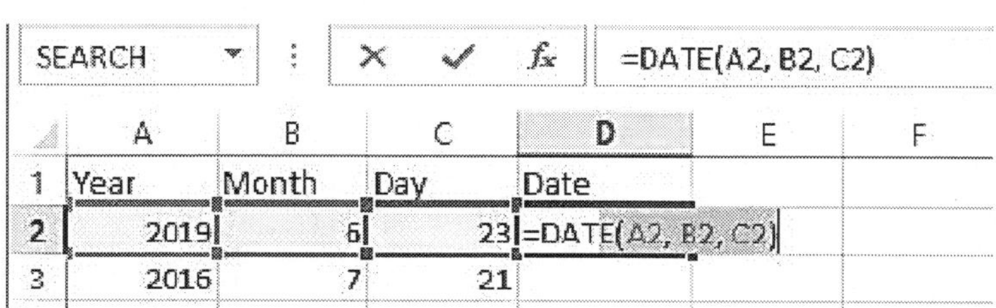

- Dopo aver premuto Invio, il risultato sarà "23 giugno 2019", come si può vedere nella tabella sottostante.

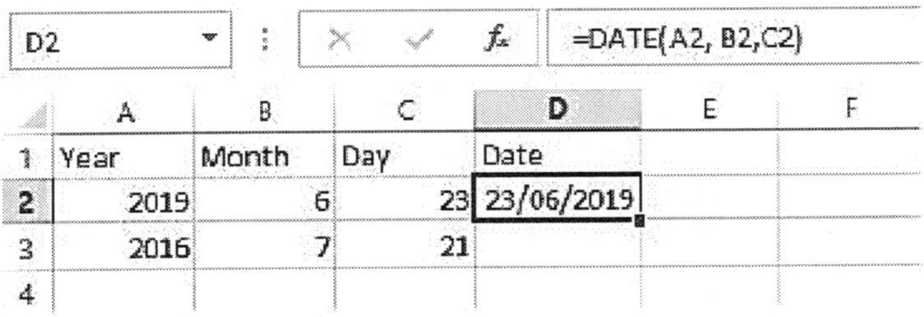

Per ottenere la data dalle celle A3, B3, e C3, utilizza una formula simile.

- In una cella vuota, inserisci la funzione con i relativi argomenti: =DATA(A3, B3, C3)

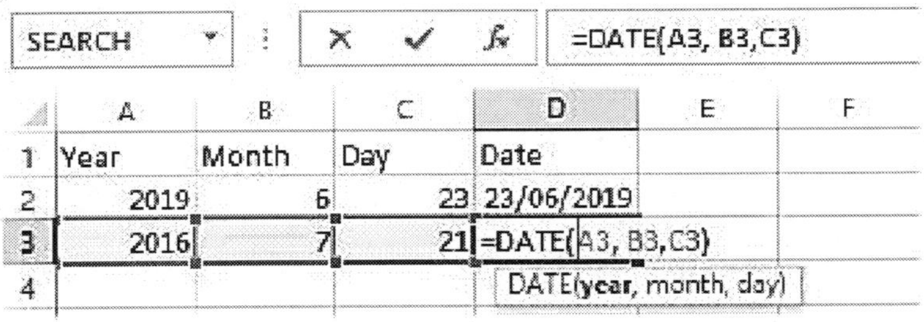

- Dopo aver premuto Invio, il risultato sarà "21 luglio 2016", come si può vedere nella tabella sottostante.

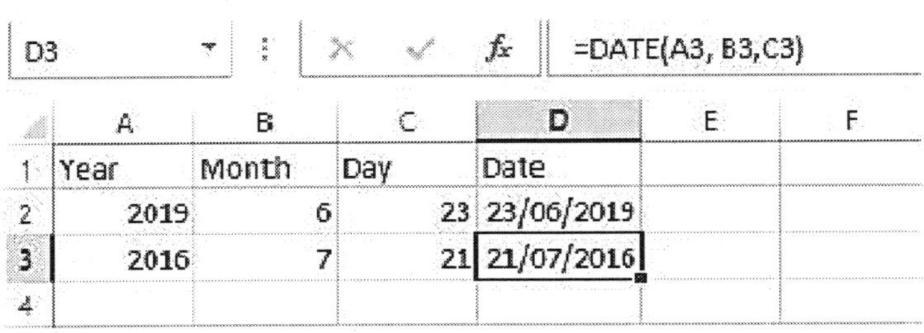

Capitolo 12: Power Query di Excel

Power Query è uno strumento di business intelligence integrato in Excel che facilita l'importazione e il recupero di dati da diverse fonti, la loro trasformazione e riformattazione, permettendo infine di visualizzare i risultati desiderati direttamente sul foglio di lavoro.

Posizione di Excel Power Query

Power Query è un plug-in integrato in Excel, che si presenta come una nuova scheda nella barra dei menu. Power Query è preimpostato e può essere trovato nella scheda Dati sotto la categoria Recupera & Trasforma dati e Query & Connessioni.

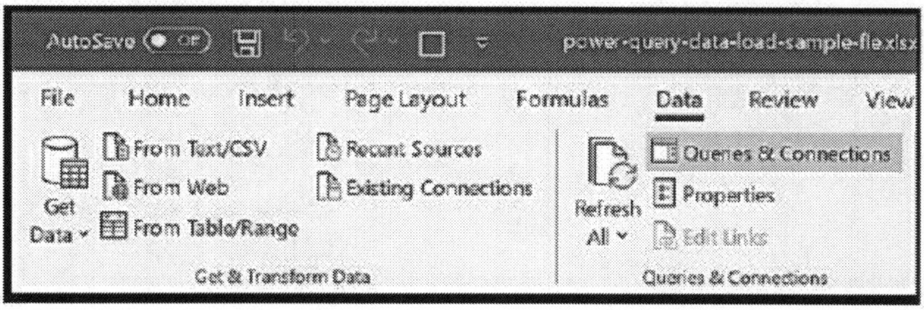

Cosa offre Power Query?

Power Query consente di:

- Importare dati da una varietà di log file.
- Creare una visione unificata dei dati.
- Compiere processi di pulizia dei dati.
- Importare dati da nuove fonti come Facebook, XML, e altro, per Power Pivot.
- Ricercare e connettere informazioni da un ampio spettro di fonti.
- Combinare e rimodellare le fonti di dati per adattarsi alle esigenze o alle specifiche dell'analisi dei dati.

Fonti di Dati per Power Query

Le fonti di dati per Power Query possono includere i seguenti riferimenti:

- Elenco SharePoint
- File XML
- File Hadoop (HDFS)
- Cartella
- Database SQL Server
- Microsoft Azure SQL Database
- File Excel o CSV
- File di testo
- Pagina web
- Database Access
- Elenco attivo
- Microsoft Exchange

Importazione dei Data Source con Power Query

Da tabella/intervallo

Per formulare una query a partire da una tabella di Excel, un intervallo assegnato un nome, o da una matrice dinamica nel tuo foglio di lavoro, segui questi passaggi. Ricorda, per utilizzare matrici dinamiche, avrai bisogno di un abbonamento a Microsoft 365.

1. Seleziona una cella all'interno dell'intervallo di dati che desideri utilizzare.

2. Vai al menu superiore e seleziona "Dati", poi opta per "Da tabella/intervallo". Questa opzione è anche disponibile selezionando "Dati", poi seleziona "Da altre fonti" ed infine "Da tabella/intervallo".

3. Si aprirà la finestra di dialogo "Crea tabella". Se necessario, avrai l'opportunità di cliccare sul pulsante "Selezione intervallo" per specificare un intervallo di dati da usare come fonte per la tua query.

4. Se l'intervallo di dati o la tabella includono intestazioni di colonna, assicurati di spuntare l'opzione "Tabella con intestazioni". Questo farà in modo che le celle di intestazione vengano utilizzate per determinare i nomi delle colonne della query.

5. Dopo aver impostato tutte le tue preferenze, clicca su "OK" per avviare la query.

Ricorda, se scegli un intervallo semplice, questo sarà automaticamente convertito in una tabella.

File: Testo/CSV

Per eseguire una query su un file di testo o un file CSV in Excel, puoi seguire i seguenti passaggi:

1. Avvia il processo selezionando prima "Dati" nel menu superiore, poi opta per "Recupera dati", successivamente vai su "Da file" e infine seleziona "Da testo/CSV".

2. Apparirà una finestra di dialogo chiamata "Sfoglia con valori delimitati da virgole". In questa finestra, dovrai individuare o inserire manualmente il percorso del file sul quale intendi eseguire la query.

3. Dopo aver inserito il percorso del file, conferma la tua scelta selezionando l'opzione "Apri".

Seguendo questi passaggi, sarai in grado di eseguire una query sul tuo file di testo o CSV in modo efficiente ed efficace. Ricorda che il file deve essere adeguatamente formattato con i valori separati da virgole per garantire un'accurata elaborazione dei dati.

Generazione di una query

Creare una query in Excel può essere un processo relativamente semplice, che può partire dai dati già caricati o da un modello vuoto.

Generare una query dai dati importati

Il metodo più comune per creare una query è partire dai dati già importati:

1. Importa o carica i dati nel tuo foglio di lavoro.

2. Seleziona una cella all'interno dei dati importati.

3. Infine, clicca su "Modifica" per iniziare a creare la tua query.

Generare una query vuota

Se preferisci, puoi iniziare a creare la tua query partendo da zero. Ci sono due modi principali per farlo:

- Opzione 1: Vai su "Dati", poi "Ottieni", successivamente "Dati da altre origini", e infine clicca su "Query vuota".

- Opzione 2: Seleziona "Dati", poi "Scarica dati", e successivamente "Lancia l'editor di Power Query".

A questo punto, hai la possibilità di inserire manualmente passaggi e formule, se sei familiare con la lingua della formula M di Power Query. Se preferisci un approccio meno manuale, puoi fare quanto segue:

1. Seleziona "Home", poi scegli un comando dal gruppo "Nuova query".

2. Scegli "Nuova origine" per aggiungere una fonte di dati. Questo comando corrisponde al comando "Dati" nel menu dei dati di Excel.

3. Seleziona "Origini recenti" per scegliere una fonte di dati con cui hai recentemente lavorato. Questa opzione è simile al comando "Origini dati" nel menu dei dati di Excel.

4. Opta per "Immetti dati" per inserire manualmente i dati. Questa opzione può essere utile se desideri familiarizzare con l'editor di Power Query indipendentemente da una fonte di dati esterna.

Importare una query

Assumendo che la tua query sia correttamente formulata e priva di errori, è possibile importarla in un foglio di lavoro o in un modello di dati. Ecco come puoi procedere:

Importare una query dall'editor di Power Query

Nell'editor di Power Query, hai due opzioni principali:

1. Per importare la query in un foglio di lavoro:

- Clicca su "Home", poi su "Chiudi & Carica", e infine scegli "Chiudi & Carica".

2. Per importare la query in un modello di dati:

- Clicca su "Home", poi su "Chiudi & Carica", e infine scegli "Chiudi & Carica in".

- Nella finestra di dialogo "Importa dati" che appare, seleziona "Aggiungi questi dati al modello di dati".

Ricorda, se il comando "Carica" appare in grigio o non attivo, potrebbe essere perché è la prima volta che crei una query in un foglio di lavoro. In questo caso, procedi così: seleziona "Chiudi & Carica", poi nel nuovo foglio di lavoro vai su "Query", poi "Dati & Connessioni", quindi seleziona "Query", fai clic con il tasto destro del mouse sulla query e scegli "Carica in". Alternativamente, sulla barra degli strumenti dell'editor di Power Query, seleziona "Query", e quindi "Carica in".

Importare una query dal pannello Query e connessioni

In Excel, potresti voler importare una query in un altro foglio di lavoro o modello di dati. Ecco come fare:

1. In Excel, clicca su "Query & Connessioni" e poi seleziona la scheda "Query".

2. Nell'elenco delle query, trova la query che vuoi importare, fai clic con il tasto destro del mouse sulla query e scegli "Carica in". Verrà mostrata la finestra di dialogo "Importa dati".

3. Nella finestra di dialogo "Importa dati", decidi come vuoi importare i dati e poi clicca su "OK". Per ulteriori informazioni sull'uso di questa finestra di dialogo, clicca sull'icona del punto interrogativo (?).

Capitolo 13: Scorciatoie, Suggerimenti e Trucchi di Excel

Se esistesse un sentiero che ti consente di raggiungere una destinazione in soli 5 minuti, anziché in un'ora, sono sicuro che ne approfitteresti. Analogamente, per rendere l'uso di Excel più efficiente, facile e comodo, esploreremo una serie di consigli e trucchi. Questi strumenti ti saranno di grande aiuto nel man mano che ti abitui all'utilizzo di questo software.

SCORCIATOIE DI MODIFICA

Comando	Descrizione
F2	Per modificare la cella
Ctrl + C	Per copiare
Ctrl + V	Per incollare
Ctrl +X	Per tagliare
Ctrl + D	Per riempire verso il basso
Ctrl +R	Per riempire a destra
Alt + E + S	Incolla speciale
F3	Per incollare il nome in una formula
F4	Per alternare il riferimento
Alt + Invio	Per iniziare una nuova riga all'interno della stessa cella precedente
Shift + F2	Per inserire o modificare un commento di cella
Shift + F10	Per visualizzare un menu di scelta rapida
Ctrl + F3	Per definire il nome di una cella
Ctrl + Shift + A	Per inserire i nomi degli argomenti con parentesi per una funzione dopo aver digitato il nome di una funzione in una formula
Alt+I+R	Per inserire una riga

SCORCIATOIE DI FORMATTAZIONE

Comando	Descrizione
Ctrl +B	Per il grassetto
Ctrl + I	Per il corsivo
Ctrl + Z	Per annullare
Ctrl + Y	Per ripetere l'ultima azione
Ctrl + A	Per selezionare tutte le celle
Ctrl + 1	Per visualizzare o richiamare il menu di formattazione delle celle menu
Ctrl + Shift + !	Per formattare i numeri
Ctrl + Shift + %	Per il formato percentuale
Ctrl + Shift + #	Per il formato della data
Alt + h	Per aumentare i decimali
Alt + h +9	Per diminuire i decimali
Alt + h + 6	Per aumentare il rientro

SCORCIATOIE DI FILE

Comando	Descrizione
Ctrl +N	Nuovo
Ctrl + O	Per aprire
Ctrl + S	Per salvare la cartella di lavoro
F12	Salva con nome
Ctrl + P	Stampa
Ctrl + F2	Per aprire la finestra di anteprima di stampa
Ctrl + Tab	Per passare alla cartella di lavoro successiva
Ctrl + F4	Per chiudere un file
Alt + F4	Per chiudere tutti i file Excel aperti

SCORCIATOIE DI NAVIGAZIONE

Comando	Descrizione
Freccia	Per spostarsi da una cella all'altra
F5	Vai a
Ctrl + Home	Per andare alla cella 1
Home	Per andare all'inizio di una riga
Shift + Freccia	Per selezionare la cella adiacente
Shift + Barra spaziatrice	Per selezionare un'intera riga
Ctrl + Barra spaziatrice	Per selezionare un'intera colonna
Ctrl + Shift + Home	Per selezionare tutto all'inizio del foglio
Ctrl + Shift + Fine	Per selezionare tutto fino all'ultima cella utilizzata del foglio
Ctrl + Shift + Freccia	Per selezionare la fine dell'ultima riga/colonna utilizzata.
Ctrl + Freccia	Per selezionare l'ultima cella utilizzata nelle righe/colonne
PaginaSu	Per spostare lo schermo verso l'alto
PaginaGiù	Per spostare lo schermo verso il basso
Alt + PaginaSu	Per spostare lo schermo a sinistra
Alt + PaginaGiù	Per spostare la schermata a destra
Ctrl + PageUP/Down	Per spostarsi al foglio di lavoro successivo o precedente
Ctrl + Tab	Per spostarsi al foglio di lavoro successivo mentre si è nel foglio di calcolo
Tab	Per passare alla cella successiva

SCORCIATOIE PER LA BARRA MULTIFUNZIONE

Comando	Descrizione
Alt	Per mostrare i tasti di accelerazione della barra multifunzione
Ctrl + F1	Per mostrare o nascondere la barra multifunzione

SCORCIATOIE PER CANCELLARE

Comando	Descrizione
Canc	Per cancellare i dati delle celle
Alt + h + e + f	Per cancellare il formato delle celle
Alt + h + e + m	Per cancellare i commenti delle celle
Alt + h + e + a	Per cancellare tutti i formati e i commenti delle celle

SCORCIATOIE DI SELEZIONE

Comando	Descrizione
Shift + Freccia	Per selezionare un intervallo di celle
Ctrl + Shift + Frecce	Per evidenziare un intervallo di celle contigue
Shift + PaginaSu	Per estendere la selezione verso l'alto di una schermata
Shift + PaginaGiù	Per estendere la selezione verso il basso di una schermata
Alt + Shift + PaginaSu	Per estendere la selezione a sinistra di una schermata
Alt + Shift + PaginaGiù	Per estendere la selezione a destra di una schermata
Ctrl + A	Seleziona o evidenzia tutto

SCORCIATOIE PER LA MODIFICA DEI DATI (ALL'INTERNO DI UNA CELLA)

Comando	Descrizione
F2	Per modificare la cella attiva
Invio	Per confermare una modifica in una cella prima di uscire dalla cella stessa
Esc	Per annullare l'inserimento di una modifica in una cella prima di uscire dalla cella stessa
Alt + Invio	Per inserire un'interruzione di riga all'interno di una cella
Shift + Sinistra/Destra	Per evidenziare all'interno di una cella
Ctrl + Shift + Sinistra/Destra	Per evidenziare elementi contigui
Home	Per spostarsi all'inizio del contenuto della cella
Fine	Per spostarsi alla fine del contenuto di una cella
Indietro	Per cancellare un carattere da sinistra
Elimina	Per eliminare un carattere da destra
Tab	Per accettare il suggerimento di completamento automatico
Ctrl + PaginaSu/Giù + Frecce	Per fare riferimento a una cella di un altro foglio di lavoro.

ALTRE SCORCIATOIE

Comando	Descrizione
Ctrl + ;	Per inserire la data
Ctrl + :	Per inserire l'ora
Ctrl + '	Per mostrare la formula
Ctrl +]	Per selezionare una cella attiva
Alt	Per accedere alla barra dei menu
Alt + Tab	Per aprire il programma successivo
Alt + =	Per fare la somma automatica

Conclusione

Avendo letto fino a qui, sono convinto che tu abbia capito l'importanza e l'utilità di Microsoft Excel per le organizzazioni in tutto il mondo, in particolare per quelle più recenti, date le numerose funzioni che offre.

Se sei un uomo o una donna d'affari, Excel è stato pensato proprio per te. Non perdere più tempo facendo manualmente ciò che potresti fare in pochissimo tempo, o addirittura istantaneamente, con Excel. Sfrutta questo strumento per lavorare più efficacemente e consiglialo alla tua famiglia, ai tuoi amici e ai tuoi colleghi.

Se sei uno studente, ci sono molti vantaggi che otterrai investendo tempo per imparare a usare questa applicazione. Non si può prevedere dove potresti trovarti in futuro, e avere una conoscenza di base di Excel è un'abilità essenziale nel mondo moderno.

Con questa guida, sei sulla strada giusta per portare il tuo business o la tua carriera ad un livello superiore!

Mi auguro che le informazioni fornite ti siano state utili ed abbiano stimolato la tua curiosità, e che tu abbia trovato nelle pagine precedenti spunti e strumenti utili da usare per sviluppare e far crescere le tue competenze. Non avere fretta nell'apprendimento, questo è un percorso fatto di molta pratica e di impegno, che non deve impedirti di raggiungere i tuoi scopi. Ricorda, probabilmente non si arriverà mai a destinazione, ma proprio questo è il segreto di una vita emozionante ed appagante, ovvero trarre piacere dal viaggio.

Se anche per te è stato così, ti sarei infinitamente grato se lasciassi un feedback sincero su Amazon per consentirmi di crescere e di diffondere il mio manuale con il maggior numero di persone possibile.

Ti auguro il meglio per il tuo futuro e buon viaggio nell'apprendimento di Excel!

Scansiona il codice qui sotto per lasciare una recensione a questo libro

Un saluto,

Fabian Garrett

Printed by Amazon Italia Logistica S.r.l.
Torrazza Piemonte (TO), Italy

52025738R00089